액세서리를
부 탁 해

매 일 매 일

액세서리를 부탁해

초판 인쇄일 2015년 10월 12일
초판 발행일 2015년 10월 19일

지은이 김가영
발행인 박정모
등록번호 제9-295호
발행처 도서출판 혜지원
주소 경기도 파주시 회동길 445-4(문발동 638) 302호
전화 031)955-9221~5 팩스 031)955-9220
홈페이지 www.hyejiwon.co.kr

기획 · 진행 배윤주
디자인 김희진
영업마케팅 김남권, 황대일, 서지영
ISBN 978-89-8379-869-5
정가 13,800원

이 도서의 국립중앙도서관 출판예정도서목록(CIP)은 서지정보유통지원시스템 홈페이지(http://seoji.nl.go.kr)와
국가자료공동목록시스템(http://www.nl.go.kr/kolisnet)에서 이용하실 수 있습니다.(CIP제어번호: CIP2015023604)

액세서리를 부탁해

혜지원

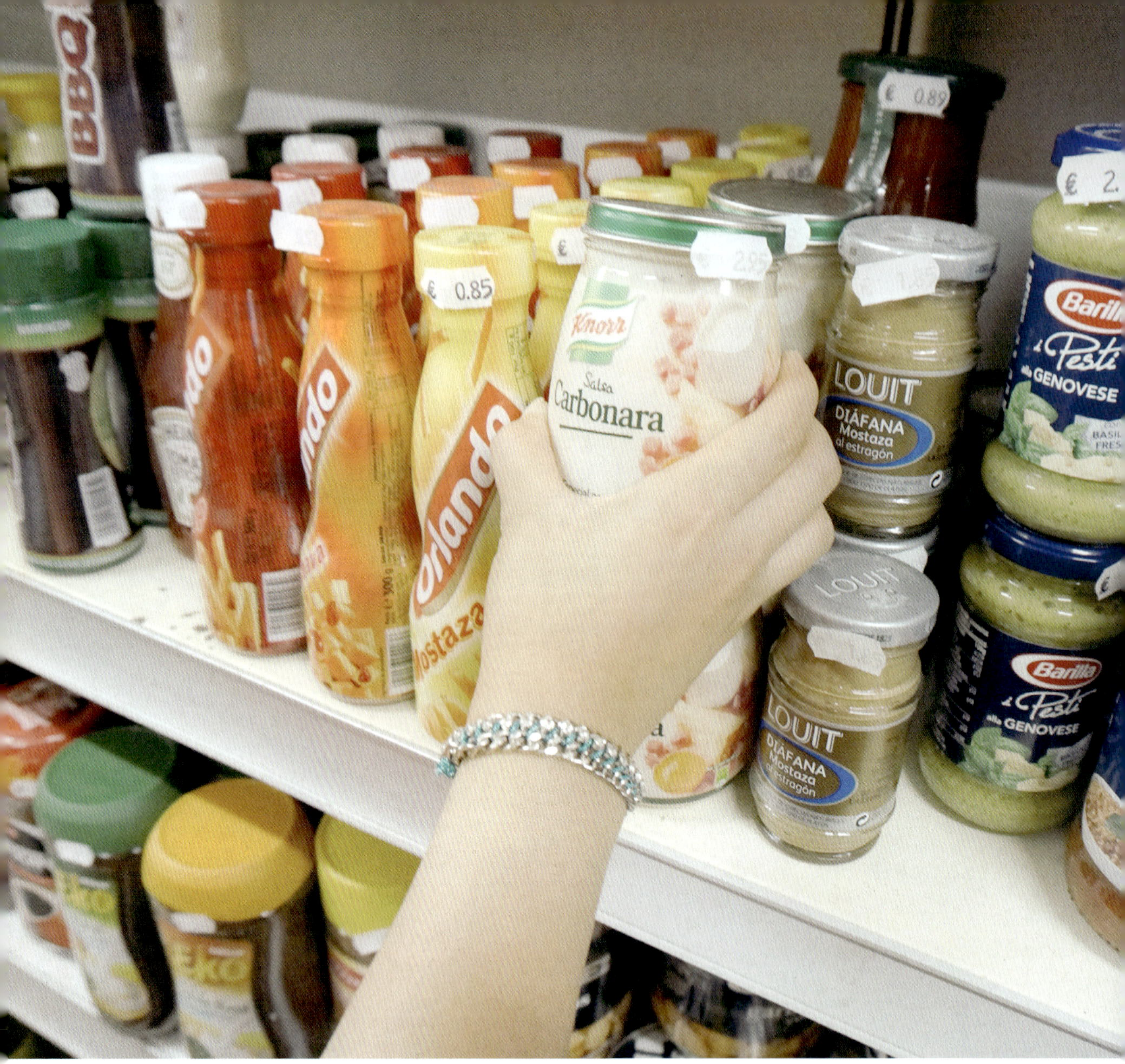
BBQ
€ 0.89
€ 0.85
Knorr
Salsa
Carbonara
Mostaza
LOUIT
DIÁFANA
Mostaza
al estragón
Barilla
i Pesti
alla GENOVESE

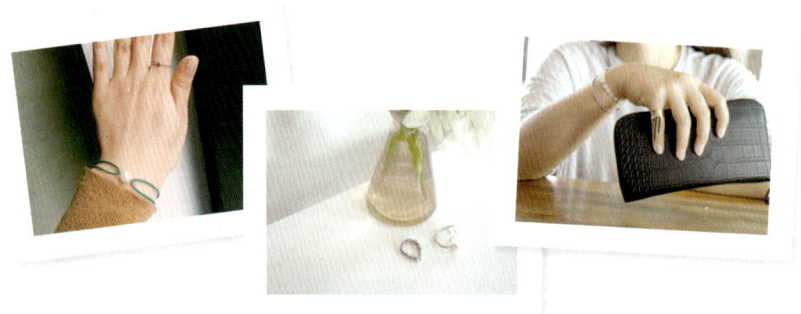

Prologue

잔머리가 많은 편인 저는 어렸을 적 엄마가 항상 헤어밴드로 머리를 정돈해 주셨어요.
그때부터 헤어밴드를 모으는 것이 습관이 됐고 자연스레 다른 액세서리도 모으게 되었죠.

스무 살에 접어들며 무엇이든 남들과 다른, 특별한 것을 찾았고
그때부터 액세서리를 직접 만들기 시작했어요.
손수 만든 액세서리를 하고 외출하는 날, 친구들이 한 마디씩 해 주던 칭찬이 원동력이 되어
계속해서 나만의 액세서리를 만들었답니다.

나중에는 제가 만든 액세서리에 관심을 갖는 친구들을 모아 함께 동대문 시장에 가기도 했어요.
함께 재료를 구입한 다음 각자 필요한 몫만큼 나누고, 저는 친구들에게 액세서리 만드는 법을 알려 주었죠.
카페에서 수다를 떨며 함께 만드는 시간은 제게 있어 힐링타임과도 같았어요.

시간이 맞지 않아 함께 하지 못하는 친구들을 위해
재료를 사러 동대문 가는 길, 액세서리 만드는 법 등을 블로그에 포스팅 하던 것이
이 책으로까지 이어지게 되었네요.

책은 친근한 설명과 사진으로 구성되어 있어요.
독자 여러분이 이 책으로 액세서리를 만들 때
마치 바로 옆에서 제가 함께 만드는 것처럼, 생생히 느껴지기를 바라봅니다.

고맙습니다.

김가영 드림

CONTENTS

참 좋은
커스텀 주얼리

CUSTOM JEWELRY

**비싼 보석 대신 저렴하고 다양한 재료를 사용하여
다채로운 디자인이 돋보이는 나만의 맞춤형 주얼리!**

하나 내가 직접 원하는 액세서리로 디자인할 수 있다.

둘 개인의 신체 구조에 맞게 제작이 가능하다.

셋 액세서리 구입 비용을 절감할 수 있다.

넷 개인 맞춤형 액세서리를 만들어 지인에게 세상에 단 하나뿐인 선물을 할 수 있다.

다섯 집에서 잠자고 있는 유행이 지난 액세서리를 최신 트렌드에 맞춰 변형할 수 있다.

천연 원석 목걸이 **37 page**

조개 원석 팔찌 **86 page**

원석 체인 팔찌 99 page

왕 진주 반지 117 page

포인트 원석 팔찌 112 page

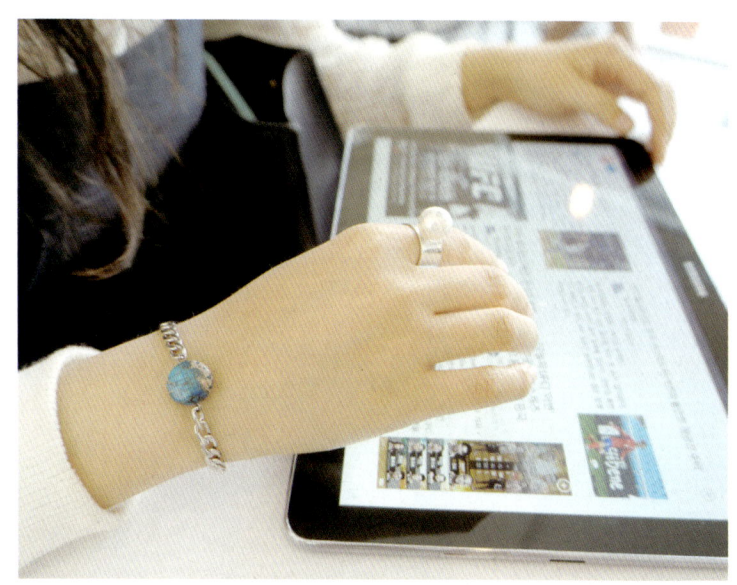

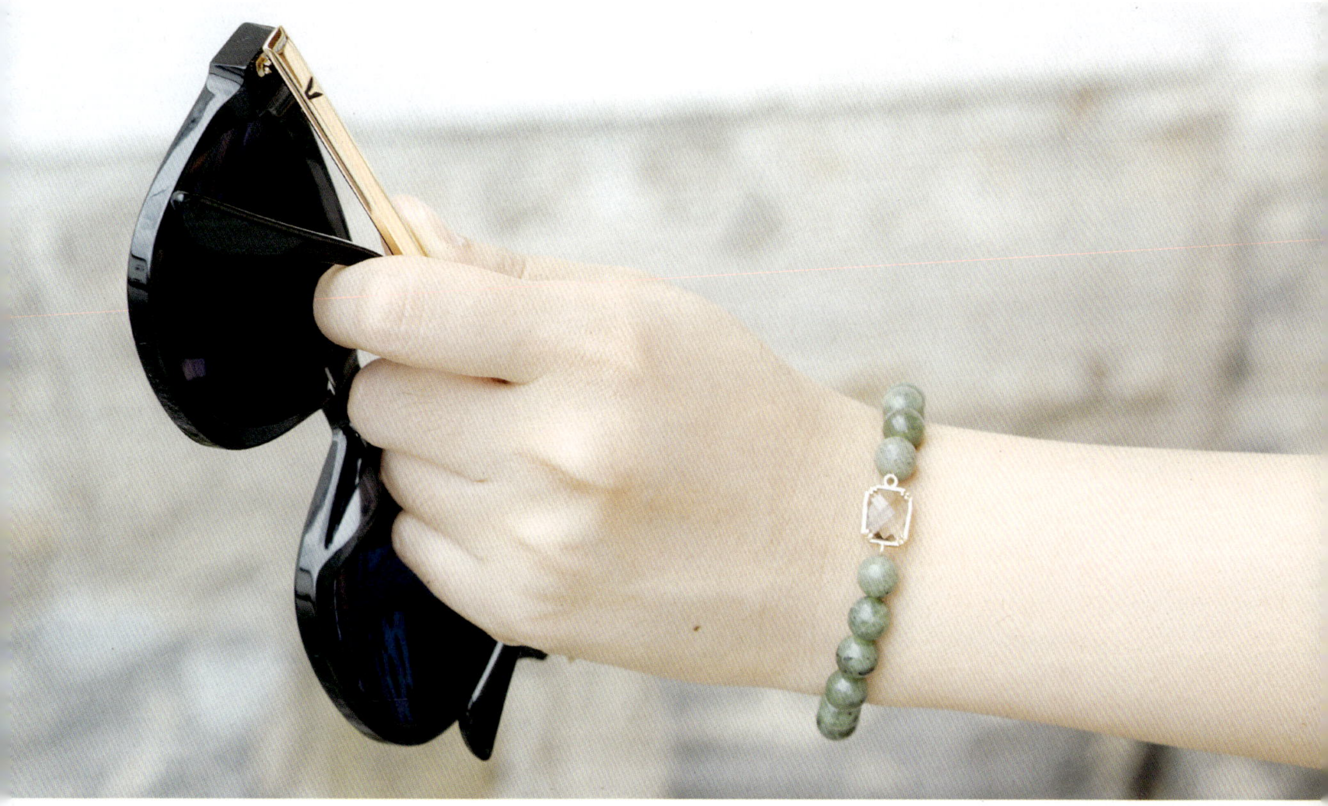

스터드 체인 진주 목걸이 **68 page**

진주 레이스 목걸이 **58 page**

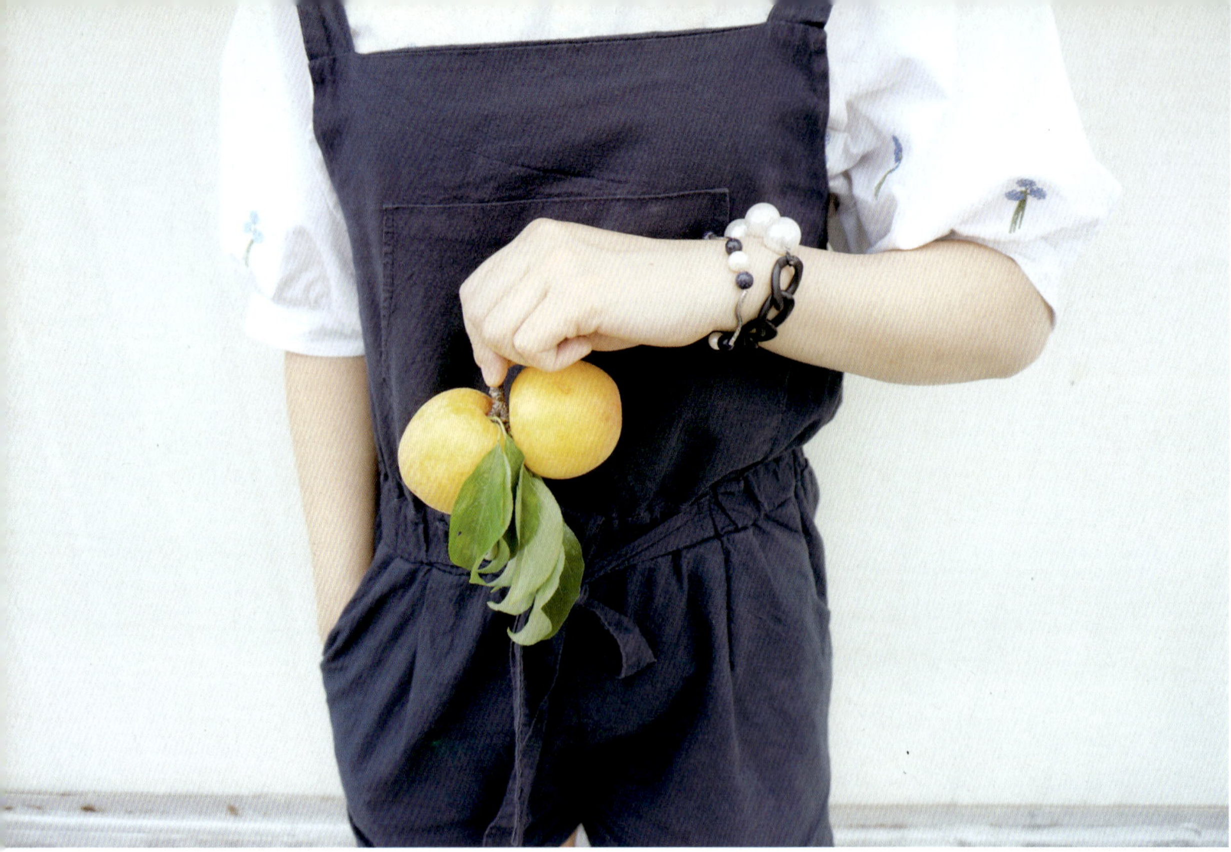

파이프 팔찌 102 page

하프 체인 진주 팔찌 104 page

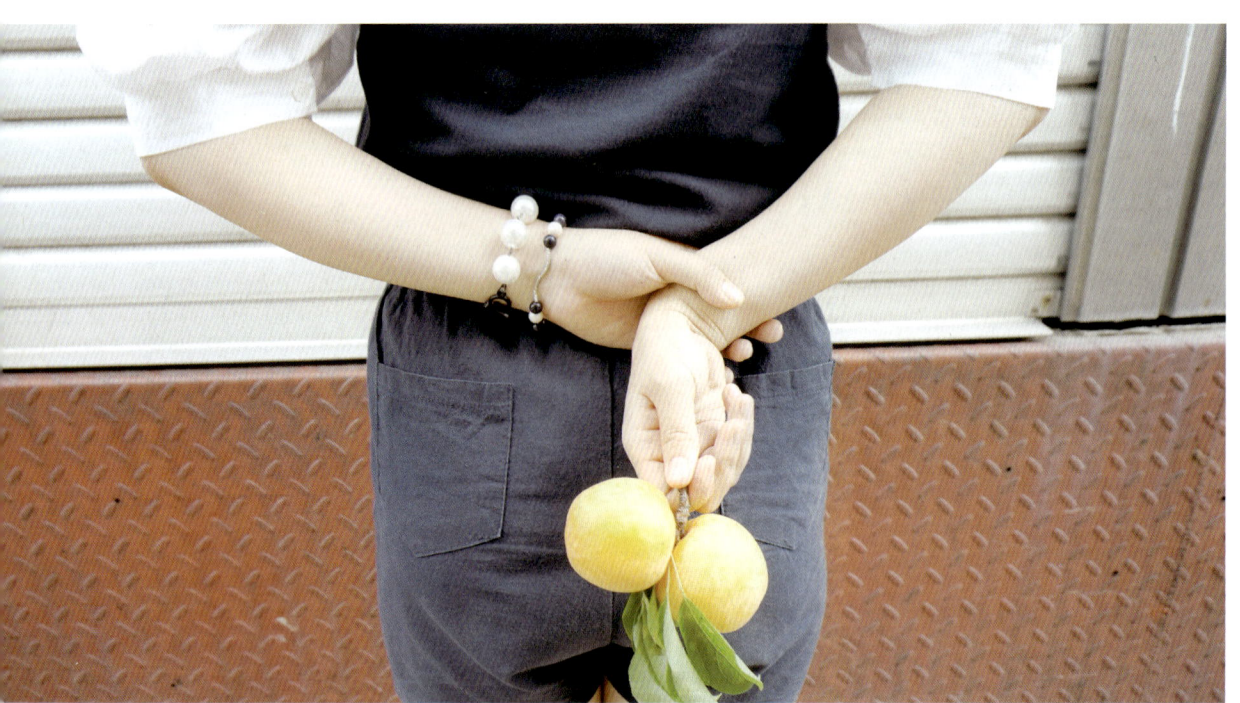

가죽끈 팔찌 **95 page**

실버 체인 팔찌 **91 page**

기본적인 도구와 재료

도구

액세서리 만들기에 필요한 도구들이에요. 액세서리 만들기를 위해 도구를 새로 구입해도 되지만, 집에 있는 공구함에서도 용도가 비슷한 도구들을 발견할 수 있을 거예요.

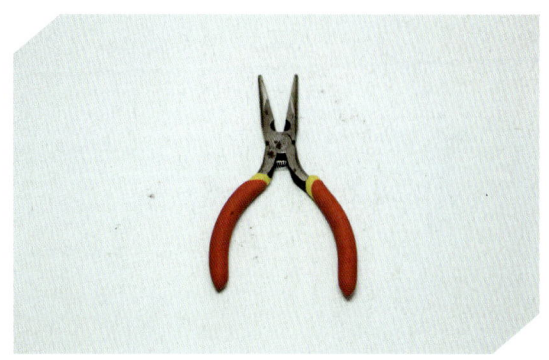

평집게

액세서리 만들기에서 가장 많이 사용하는 도구

주로 금속을 구부리거나 펼 때 사용해요. O링 반지와 함께 잘 쓰이는데, O링을 여닫을 때 많이 써요.

O링 반지

평집게 다음으로 액세서리 만들기에서 가장 많이 사용하는 도구

O링을 여닫을 때 사용해요. 똑같은 두께의 홈보다 각 홈의 두께가 다 다른 것이 좋아요. 홈의 두께가 다 달라야 각각의 O링에 적합한 홈을 찾아 사용할 수 있기 때문이에요.

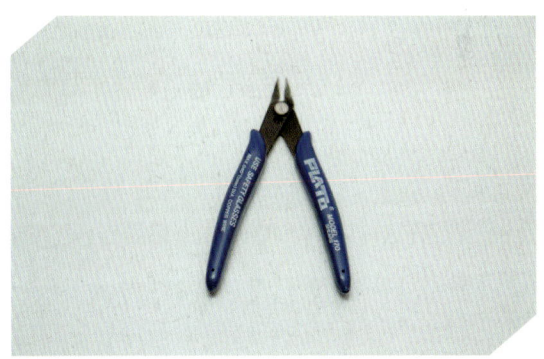

니퍼

금속을 자를 때 사용하는 도구

체인, 핀 등의 금속을 자를 때 사용하는 도구예요.

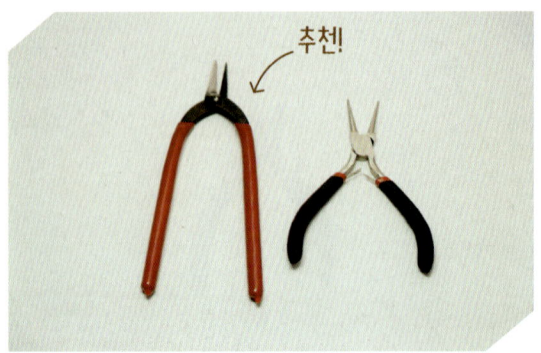

추천!

9자말이 집게

9자말이를 할 때 필요한 도구

집게 모양이 동그란 원뿔 모양으로 되어 있어서 핀을 둥글게 마는 것을 도와주는 도구예요.
얼핏 보기엔 평집게와 비슷해 보이지만 집게를 보면 다르다는 걸 알 수 있어요.
집게의 한쪽은 평집게의 모양이고 다른 한쪽은 원뿔형으로 되어 있는 것(사진의 좌측)이나 집게 양쪽이 다 원뿔형으로 된 것(사진의 우측)으로 이처럼 두 종류가 있답니다. 초보자들이 사용하기에는 집게 한쪽만 원뿔형인 9자말이 집게가 좋아요.

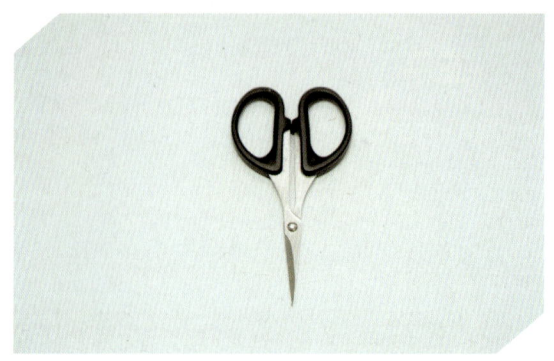

가위

줄을 자를 때 사용하는 도구

우레탄줄, 낚싯줄, 피아노줄 등의 줄을 자를 때 사용해요.
일반 가위를 사용해도 좋지만, 좁은 틈새에서 잘라야 하는 경우도 있기 때문에 끝부분이 얇고 뾰족해서 섬세하게 자를 수 있는 가위를 추천해요. 바느질할 때 사용하는 쪽가위를 대신 사용해도 좋아요.

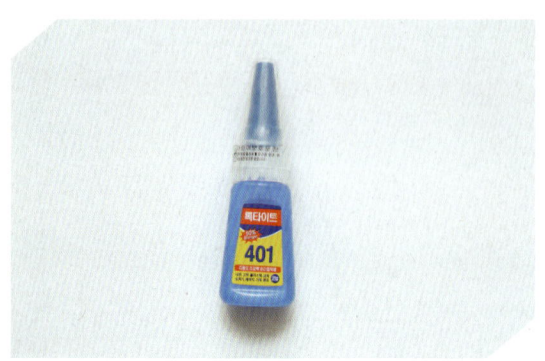

순간접착제

매듭을 고정시키거나 패브릭 소재를 붙일 때 사용하는 도구

매듭이 풀리지 않도록 매듭 마무리 부분에 소량만 발라 고정시킬 때 혹은 패브릭 소재를 붙일 때 사용해요. 바로 접착되어 사용하기 편리해요.
단 금속에 사용할 경우 많은 양을 사용하면 순간접착제가 굳으면서 주변이 하얗게 밀가루를 바른 것처럼 뜰 수 있기 때문에 한 방울만 떨어뜨린다는 느낌으로 주의해서 소량만 바르도록 하세요.

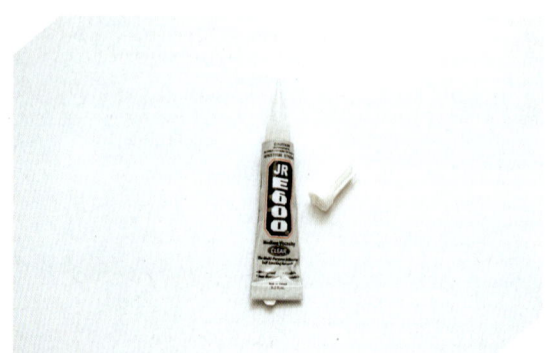

금속접착제

금속끼리 붙일 때 사용하는 도구

주로 금속끼리 붙일 때 사용해요. 접착되는 데 시간이 좀 걸리는 편이라 접착제를 바른 후에는 20~30분 정도 기다리는 것이 좋아요.

기본 부자재

우레탄줄

고무줄과 같은 소재로 잘 늘어나며 팔찌를
만들 때 주로 사용해요. 0.7mm, 0.6mm,
0.5mm 단위로 줄의 두께가 나눠져 있어
요. 작은 비즈 등을 사용할 때는 0.5mm가
적합하고, 무게가 있는 큰 원석을 사용할
때는 0.7mm가 좋아요. 색상도 투명색부
터 검은색까지 다양해요. 기본으로 투명색
을 많이 사용하고, 타투 초커(63P)를 만들
때나 색이 잘 묻어나는 재료를 사용할 때는
검은색이 좋아요.

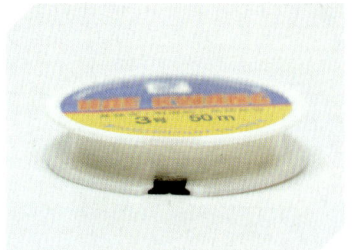

낚싯줄

우레탄줄과는 다르게 늘어나지 않는 소재
로 목걸이를 만들 때 주로 사용한답니다.
또 구멍지프와 많이 쓰여요.

피아노줄

낚싯줄보다 더 단단한 소재로. 주로 진주
목걸이를 만들 때 사용해요. 낚싯줄보다 딱
딱하지만 동선(얇은 철사)보다는 더 유연합
니다. 피아노줄로 액세서리를 만들 땐 특수
고정볼을 많이 써요.
또 고급스러운 재료를 사용할 때 기왕이면
더 튼튼하게 만들기 위해서도 피아노줄을
사용하곤 하죠.

매듭끈(나일론사)

실팔찌 등을 만들 때 많이 사용하는 실이에
요. 나일론 소재로 되어 있어 매끈하고 튼
튼하답니다.

체인

크기나 소재에 따라 디자인이 다양해요. 광
의 유무에 따라서 무광, 유광 소재로 나뉘
기도 하고 체인의 굵기, 모양에 따라 나뉘
기도 해요.

줄란 체인 (큐빅 체인)

캡큐빅이 체인처럼 이어져 있는 재료. 체인
으로 많이 써요.

O링

링의 굵기나 지름, 소재에 따라 다양한 디자인이 있어요. 체인과 마감 장식을 연결할 때, 펜던트를 달아 줄 때 사용해요.

9핀

핀 끝부분이 동그랗게 말려 있는 형태로 숫자 '9'의 모양을 닮았다고 9핀이라 불러요. 원석이나 비즈를 넣고 다른 재료를 연결할 때 사용한답니다.

볼핀

핀 끝부분에 볼이 달려 있어 볼핀이라고 불러요. 원석이나 비즈를 넣고 펜던트 장식처럼 만들어 사용해요.

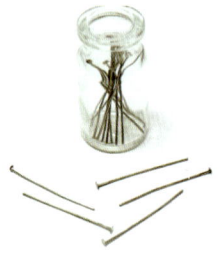

T핀

핀 끝부분에 작은 판이 있어 세워서 보면 알파벳 'T' 모양을 닮았다고 T핀이라 불러요. 볼핀처럼 원석이나 비즈를 넣고 펜던트 장식처럼 만들어 사용해요.

구멍지프

주로 낚싯줄에 원석이나 비즈를 여러 개 넣어 다른 재료와 연결할 때 사용해요. 올챙이팁 혹은 비즈팁이라고도 불러요.

고정볼

구멍지프와 함께 사용하며 줄에 고정볼을 끼우고 납작하게 눌러 고정시켜요.

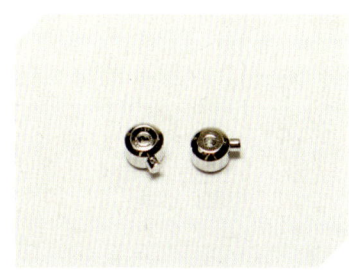

특수 고정볼

고정볼의 다른 종류예요. 주로 피아노줄과 함께 사용해요. 줄을 끼우고 나서 원 바깥쪽에 튀어나온 부분을 평집게로 꾹 눌러 주면 고정시킬 수 있어요.

랍스터 마감 장식
(랍스터 고리 & 길이 조절 체인)

가재의 집게처럼 생긴 랍스터 고리와 길이 조절이 가능한 체인이 달려 있는 마감 장식.
길이 조절이 가능해서 아이템을 프리사이즈로 제작할 때 많이 사용하곤 해요.

자석형 마감 장식

자석이 들어 있는 마감 장식. 액세서리를 본인이 직접 착용할 때 훨씬 편하다는 장점이 있어요.

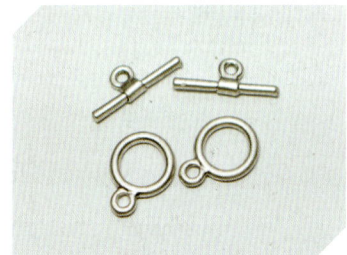

토글 바 장식

O 형태의 고리에 T 형태의 바를 넣어 사용하는 마감 장식. 자석형과 마찬가지로 혼자서 액세서리를 착용할 때는 편하지만 사이즈 조절이 어렵다는 단점이 있어요. 마감 장식으로 사용하지만 토글 바 자체를 하나의 펜던트 장식으로 보기도 해요.

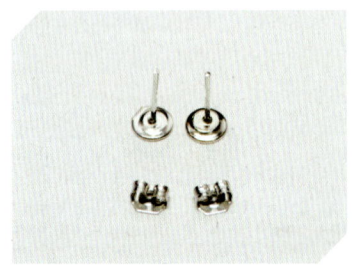 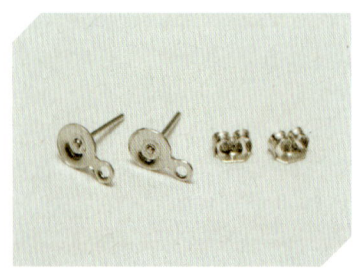 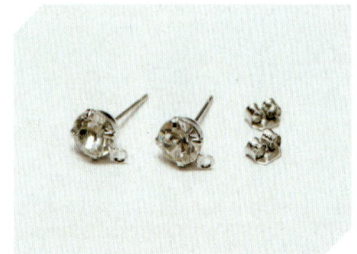

포스트형 귀걸이

침 모양의 귀걸이에요. 침에 판판한 판이 달려 있는 기본 포스트형 귀걸이부터 고리가 달려 있는 고리형 포스트 귀걸이, 큐빅이 붙어 있는 큐빅 고리형(큐빅판 아래에 고리가 달려있어요) 포스트 귀걸이까지 종류가 다양해요.

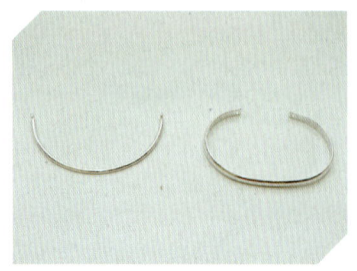

뱅글

손목 둘레의 2/3, 1/2 정도 길이가 되는 금속 형태의 재료. 주로 팔찌를 만들 때 이용해요.

레이스캡

패브릭 소재에 많이 사용해요. 천을 다른 재료와 연결하기 위해 고정시키는 형태로 많이 사용하지요.

문구용 집게

우레탄줄에 원석이나 비즈를 끼울 때 줄에서 재료가 빠져나가지 않도록 줄 끝을 집게로 막아 주는 용도예요. 또 매듭을 이용한 액세서리를 만들 때 고정용으로도 많이 쓰여요.

꾸미기 재료

원석

팔찌를 만들 때 주로 사용하는 재료예요. 금속 재료보다 색이 변하지 않고 오래간다는 장점이 있어요.

캡큐빅

큐빅이 캡에 싸여 있는 형태의 재료예요. 투명한 색상의 기본 캡큐빅부터 색깔이 들어간 컬러 캡큐빅, 오팔이 들어간 캡큐빅까지 그 종류가 참 다양해요.

진주

진주는 소재에 따라 종류가 나뉘어요. 자연 속 조개에서 얻는 천연진주, 조개핵과 코팅 분으로 조개가루를 사용하여 인공적으로 만든 진주인 핵진주, 플라스틱에 코팅 처리를 한 아크릴진주가 있어요.
천연진주는 가격이 비싼 편이고 무겁지만 오래도록 광택을 유지하여 고급스러워 보이는 장점이 있어요. 핵진주는 천연진주보다는 가격이 저렴하고 가벼운 편이며 은은한 광택감을 가지고 있고 아크릴진주는 가장 가격이 저렴하며 가벼운 소재로 편하게 사용하기에 좋아요.

테슬

실을 여러 겹 감은 뒤 윗부분만 묶고 아랫부분은 잘라낸 모양이에요.
직접 만들어서 사용할 수도 있고, 테슬 완성품을 구입할 수도 있어요.

펜던트

펜던트는 그 모양이나 형태, 소재도 다양하니 원하는 것을 선택하여 만들기에 사용하세요.

액세서리 만들기를 위한 기초 테크닉

O링 반지 사용법

준비 O링 / O링 반지 / 평집게

거의 모든 액세서리 만들기 과정에 O링 반지를 사용하게 될 거예요. O링 반지만을 써서 액세서리를 만들 수 있을 정도로 가장 기초적이면서도 필수인 사용법이랍니다.

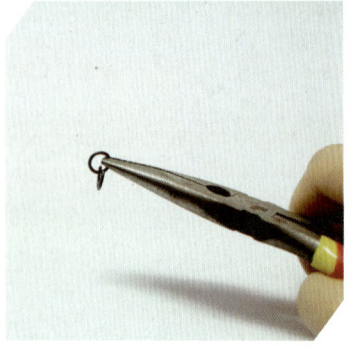

01

O링의 한쪽 부분을 평집게로 잡아요.

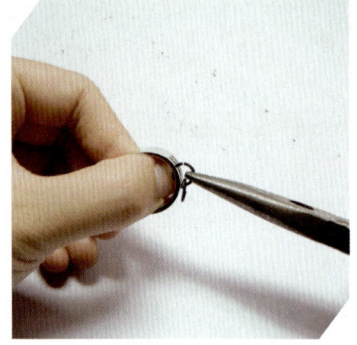

02

반대편 손으로 O링 반지를 잡고 O링의 굵기에 맞는 홈에 O링을 반쯤 걸쳐 주세요.

03

O링 반지는 고정된 상태로 O링만 움직입니다. 평집게를 바깥 방향 혹은 안쪽 방향으로 밀어 O링을 벌려 주세요.

04

벌려 준 O링의 틈에 체인 혹은 마감 장식을 넣고 다시 O링 반지 홈에 O링을 반쯤 걸쳐 주세요.

05

O링 반지는 고정된 상태로, 평집게를 이용하여 O링을 닫아 주세요.

T핀, 볼핀 사용법

준비 T핀 / 볼핀 / 원석 혹은 비즈 / 니퍼 / 평집게 / 9자말이 집게

비즈, 원석, 진주 등을 액세서리에 매달기 위해서는 T핀과 볼핀을 사용하여야 해요. T핀과 볼핀은 끝부분이 납작한지, 볼록한지의 차이만 있을 뿐 그 사용법은 똑같아요.

01

T핀에 원하는 원석이나 비즈를 끼워 주세요.

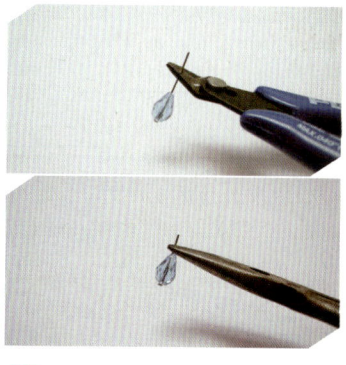

02

T핀 윗부분을 7mm 정도 남긴 후 잘라요.

✓ 동그랗게 말고자 하는, 즉 고리가 될 범위에 따라서 핀의 길이를 조절하면 돼요.

03

평집게를 이용하여 핀을 직각으로 꺾어 주세요.

04

9자말이 집게를 이용하여 방금 꺾어 준 것과는 반대 방향으로 핀을 동그랗게 말아 주세요.

05

완성. 고리가 생겼어요.

TIP

캡 씌우기

: T핀이나 볼핀보다 원석, 비즈의 구멍이 더 커서 빠지는 경우 이렇게 하세요.

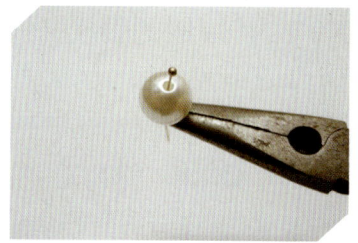

01

볼핀에 진주를 끼웠지만 진주의 구멍이 커서 헐거워 보이는 모습이에요.

02

캡을 씌워서 재료가 빠지지 않도록 고정시켜 주면 돼요.

9핀 사용법

준비 9핀 / 원석 혹은 비즈 / 니퍼 / 평집게 / 9자말이 집게

9핀은 핀 끝부분이 동그랗게 말려 숫자 '9'모양을 닮았다고 해서 9핀이라고 불려요. 원석, 비즈 등을 위아래로 연결시키기 위하여 많이 사용해요. 9핀을 이용하여 작은 비즈를 여러 개 만들어 엮어서 체인으로 사용해도 좋아요.

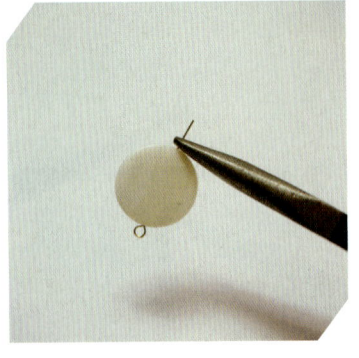

01

9핀에 원석, 비즈 등을 끼우고 7mm 정도 남기고 잘라요.

✓ 동그랗게 말고자 하는, 즉 고리가 될 범위에 따라서 핀의 길이를 조절하면 돼요.

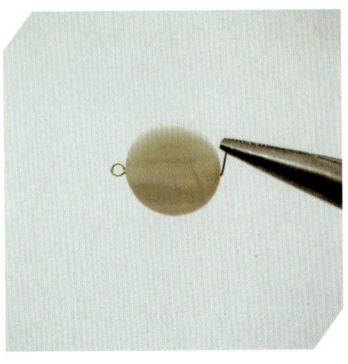

02

자른 다음 평집게를 이용하여 핀을 직각으로 꺾어 주세요.

03

9자말이 집게를 이용하여 방금 꺾어 준 것과 반대 방향으로 핀을 동그랗게 말아서 고리를 만들어요.

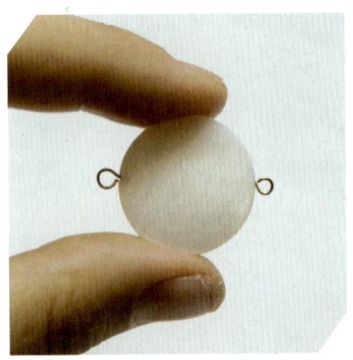

04

사진 속 핀의 '∽' 모양에 주목해 주세요. 마치 알파벳 S를 눕혀 놓은 것처럼 핀의 끝부분이 서로 반대 방향을 향해야 모양도 예쁘게 잡히고 구조도 견고해진답니다.

구멍지프, 고정볼 사용법

준비 줄 / 고정볼 / 구멍지프 / 순간접착제 / 평집게

목걸이를 만들 때 가장 많이 등장하는 재료. 구멍지프, O링 지프, 올챙이팁, 비즈팁으로 불리기도 해요.

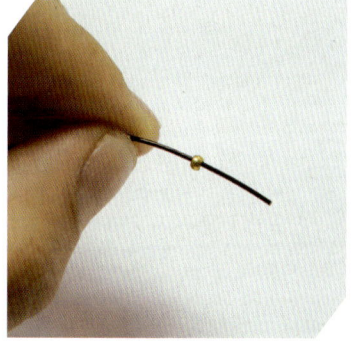

01
사용하고자 하는 줄에 먼저 고정볼을 넣어요.

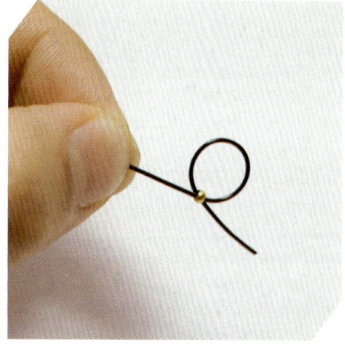

02
사진과 같이 줄을 한 바퀴 돌려서 고정볼에 끼워 주세요.

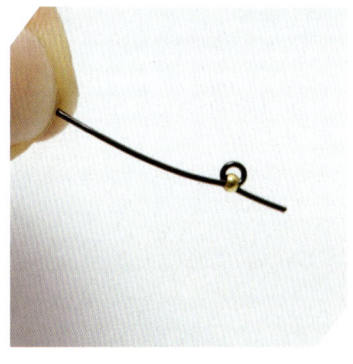

03
고정볼이 줄 끝 쪽으로 가도록 줄을 당겨 주세요.

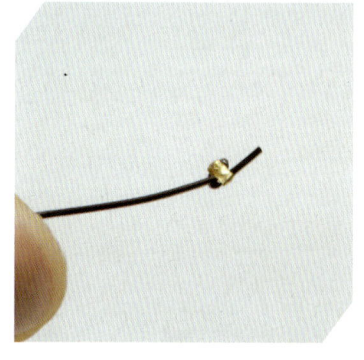

04
볼을 고정시키기 위해서 평집게로 납작하게 눌러 주세요.

05
구멍지프의 입을 벌린 쪽이 고정볼을 향하도록 줄에 끼워 주세요.

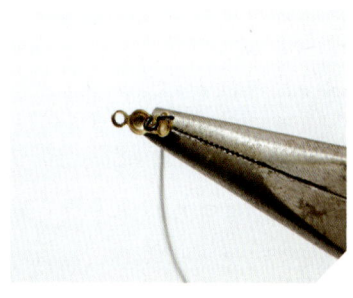

06
고정볼에 금속접착제 혹은 순간접착제를 아주 소량만 발라 고정시켜 주세요.

✔ 순간접착제는 많이 바르면 굳을 때 하얀 가루가 뜰 수 있으니 사용 시 주의!

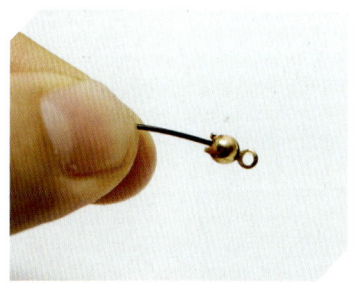

07
평집게로 구멍 지프의 입을 살짝 닫아 마무리해 주세요.

구멍지프, 고정볼 사용법
응용해
보아요!

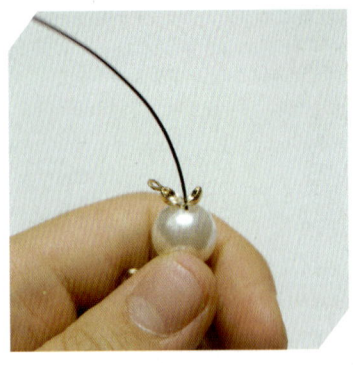

08

앞에서 한 것을 바탕으로 하여 이제 원하는 디자인대로 원석 혹은 비즈를 넣고 구멍지프의 입이 위를 향하도록 줄에 끼워 주세요.

09

구멍지프, 고정볼 사용법의 01, 02번 과정을 통해 고정볼을 줄에 넣어 주세요.

10

평집게로 고정볼을 눌러 고정시켜 주고, 남은 줄은 잘라 주세요.

11

금속접착제 혹은 순간접착제를 소량 바르고 평집게로 구멍지프의 입을 닫아 주면 돼요.

디자인이 똑같아도 길이에 따라 얼마든지 다른 연출을 할 수 있답니다.
나에게 어울리는 액세서리 길이를 찾는 것도 정말 중요해요.

목걸이

목걸이 길이에도 저마다 각각 붙여진 이름이 있어요.
칼라–초커–펜던트–마티니–오페라–로프–라리에트로 길이가 짧은 것부터 긴 것 순이에요.
칼라가 가장 짧은 길이의 목걸이며 초커는 영화 〈레옹〉의 소녀 마틸다가 했던 바로 그 목걸이랍니다. 펜던트(프린세스)가 일반적으로 가장 많이 착용하는 목걸이 길이예요. 가슴까지 내려오는 길이의 마티니도 흔히 볼 수 있는 목걸이지요.
오페라부터는 길이가 꽤 긴 편이에요. 두 번 감아서 초커나 펜던트처럼 활용할 수도 있어요. 또 디자이너 코코 샤넬이 즐겨하던 진주 목걸이가 바로 로프 길이 목걸이라고 해요. 길게 늘어져서 고급스런, 성숙한 매력을 보이기에 적절하지요. 길이가 가장 긴 라리에트도 마찬가지로 목에 감거나 묶어서 연출하곤 해요.

	스타일	평균 길이
여자	칼라	36~38cm
	초커	38~40cm
	펜던트(프린세스)	45~48cm
	마티니	50~60cm
	오페라	71~85cm
	로프	100~114cm
	라리에트	120cm 이상
남자	초커	45cm
	미디엄	48~58cm
	롱	60cm 이상

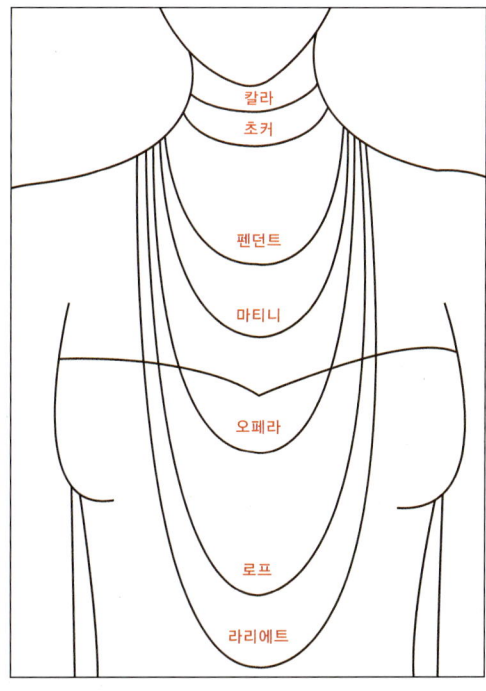

팔찌

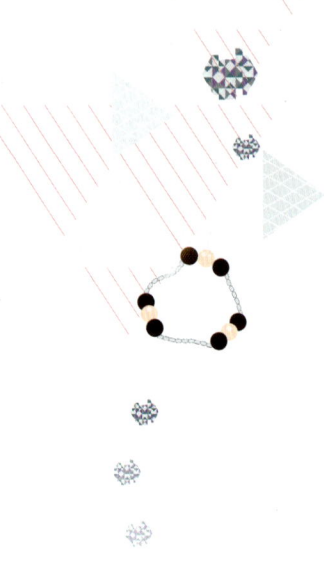

	사이즈	평균 길이
여자	S	16cm
	M	18.5cm
	L	21cm
남자	S	21cm
	M	23.5cm
	L	26cm

반지

반지 호수	손가락 둘레	반지 호수	손가락 둘레	반지 호수	손가락 둘레
1호	4.4cm	11호	5.4cm	21호	6.4cm
2호	4.5cm	12호	5.5cm	22호	6.5cm
3호	4.6cm	13호	5.6cm	23호	6.6cm
4호	4.7cm	14호	5.7cm	24호	6.7cm
5호	4.8cm	15호	5.8cm	25호	6.8cm
6호	4.9cm	16호	5.9cm	26호	6.9cm
7호	5cm	17호	6cm	27호	7cm
8호	5.1cm	18호	6.1cm	28호	7.1cm
9호	5.2cm	19호	6.2cm	29호	7.2cm
10호	5.3cm	20호	6.3cm	30호	7.3cm

* 집에서 간단하게 반지 사이즈 재는 법

1 얇은 폭의 종이(혹은 끈)를 적당한 길이로 잘라 준비해요.

2 준비한 종이를 반지를 착용할 손가락에 둘러요.

3 종이가 만나는 지점을 표시해요.

4 손가락에 둘려진 만큼의 종이 길이 = 반지 사이즈

재료 구입하기

01 액세서리 자재 상가 직접 찾아가기

동대문 종합시장

국내에서 가장 큰 규모의 원단, 부자재, 액세서리 도매 시장인 동대문 종합시장. 다양한 종류의 액세서리 부자재를 만날 수 있는 곳이에요. 동대문역 9번 출구에서 바로 이어지는 건물로 의류 재료 전문 상가입니다.

액세서리 만들기에 필요한 재료들은 대부분 2층과 5층에 있어요. 2층은 레이스 위주고, 대부분의 액세서리 부자재 가게들은 5층에 있답니다.

지하철 내 동대문 종합시장으로 가는 길

※ 동대문 종합시장은 작은 가게들이 밀집되어 있는 곳이에요. 길이 복잡하기 때문에 가게의 주소를 보면서 자신의 위치를 파악하며 다니는 것이 좋아요. 또 많이 돌아다니게 되기 때문에 편한 신발을 신고 가는 것도 큰 도움이 돼요.

처음 구입할 땐 다음 번 구입을 위해 해당 가게의 명함을 받아 주소와 전화번호를 알아 두면 재방문 시에 편리해요.

> **INFORMATION**
>
> **교 통 편** : 지하철 1, 4호선 동대문역 9번 출구
> **주　　소** : 서울 종로구 종로 266 동대문 종합시장
> **영업시간** : 월요일~토요일 09:00~18:00

남대문 액세서리 재료 상가   남정 상가 | 연세 상가

남대문에서는 액세서리 부자재나 완제품 등을 판매하고 있어요. 대표적으로 '남정상가'와 '연세상가'가 있어요. 주로 도매업을 하는 분들이 많이 방문하는 곳이에요. 많은 재료를 구입하고자 할 때 저렴하게 구입하기 좋아요. 소량 구매도 가능하지만 기본 100 단위에서부터 1,000 단위의 대량으로 구매해야 하는 경우도 있어요.

※ 남정상가와 연세상가 두 곳 모두 회현역 5번 출구에서 가깝지만 각각 가는 방향이 달라요.

남정상가는 회현역 5번 출구에서 우측으로 꺾어 가야 해요. 걸어서 2분 정도 걸려요. 남대문 파출소 앞 'TRILLION'이란 간판이 걸린 건물의 4~6층에서 액세서리 부자재를 판매하고, 1~3층에선 액세서리 완제품을 팔아요.

연세상가는 회현역 5번 출구에서 나온 뒤 앞으로 직진하면 돼요. 1분 정도만 걸어가면 연세상가가 보일 거예요.

INFORMATION

교 통 편 : 지하철 4호선 회현역(남대문시장) 5번 출구

주   소 : 서울 중구 남창동

영업시간 : **남정상가** | 평일 7:00~17:00
토요일·공휴일 7:00~14:00

연세상가 | 평일 9:00~18:00
토요일·공휴일 9:00~15:00

02 온라인으로 액세서리 쇼핑몰에서 구입하기

인터넷에서 '액세서리 부자재, 비즈 쇼핑몰, 비즈 공예 재료' 등으로 검색하면 다양한 쇼핑몰이 나와요.
재료를 종류, 크기, 소재별로 분리하여 한눈에 알아 볼 수 있게 되어 있어 빠른 시간 안에 원하는 재료를 찾을 수 있다는 장점이 있어요. 반면 실제로 보고 구입하는 것이 아니라서 막상 받아 보면 생각했던 재료가 아닐 수도 있답니다.

팝비즈   www.pop-beads.com
비즈뱅크   www.beadsbank.com

STEP 1

만들고 싶은 액세서리 구상하기

액세서리를 처음 만드는 분들에겐 액세서리 사진을 많이 찾아보는 것이 가장 큰 도움이 될 거예요. 만들고 싶은 액세서리 사진을 핸드폰에 저장하거나 간단히 수첩에 그려 보고 구입해야 하는 재료가 무엇인지 미리 한 번 확인해 보세요.

이렇게 재료를 미리 체크하지 않고 구입부터 하게 되면 개별 재료로 보았을 때 예쁘다고 생각되는 재료들로만 구입하게 될 가능성이 커요. 그래서 막상 만들려고 하면 재료들의 조화가 잘 이뤄지지 않는 경우가 종종 발생하죠.

STEP 2

만들고자 하는 액세서리에서 주가 되는 재료를 제일 먼저 구입한다

완제품을 구상해 보고, 가장 눈에 띄는 부분의 재료부터 구입하세요. 예를 들어 진주 목걸이를 만들고자 맘먹었다면, 진주를 제일 먼저 구입하는 거죠. 그다음엔 진주의 크기에 맞는 낚싯줄 또는 피아노줄을 구입할 수 있겠죠. 작은 재료부터 먼저 구입하게 되면 크기가 큰 재료와 맞지 않는 경우가 생길 수도 있거든요. 또한 주가 될 부분의 재료를 구입하고 나면 그걸 갖고 다니면서 여러 작은 재료들에 대입해 볼 수도 있죠. 이렇게 하면 재료들의 조화가 잘 이뤄질지 확인할 수 있어 여러모로 훨씬 효율적이에요.

STEP 3

소량 제작을 원한다면 액세서리 취향이 비슷한 친구와 함께 간다

액세서리 부자재는 소량 구입보다 대량 구입을 해야 하는 경우가 많아요. 예를 들어 끈이나 리본은 주로 '마' 단위로 판매하는데, 한 마는 90cm로 액세서리를 여러 개 만들 수 있는 양이에요. 액세서리 취향이 비슷한 친구와 함께 방문하면 한 마를 구입해서 둘이 나눠 가질 수 있으니 경제적이랍니다.

NECKLACE

목걸이

01

물방울
큐빅 목걸이

얇은 체인에 반짝이는 큐빅 펜던트가 달려 있는 목걸이, 아마 많은 사람들이 '목걸이'란 단어와 동시에 머릿속에 바로 떠올리는 대표적인 목걸이 형상일 거예요. 그만큼 목걸이의 가장 기본 형태라고 말할 수 있죠. 심플하기 때문에 매일매일 착용하고 다녀도 좋아요. O링으로 연결하는 작업만 하면 되기 때문에 액세서리 만들기 초보자들이 도전하기에도 좋은 목걸이랍니다.

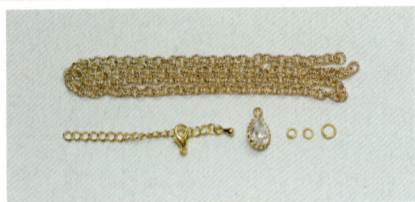

재료

얇은 체인
랍스터 고리 & 길이 조절 체인
물방울 큐빅
O링 - 0.6*3mm × 2개, 0.8*4mm × 1개

01

체인을 40cm로 정도로 자른 다음 체인의
한쪽 끝에 랍스터 마감 장식의 랍스터 고리
를 O링(0.6*3mm)으로 연결해 주세요.

02

반대편에는 길이 조절 체인도 같은 O링으
로 연결해요.

03

물방울 모양의 큐빅에 O링(0.8*4mm)을
달아 주세요.

04

체인을 물방울 모양 큐빅을 달아준 O링에
통과시켜요.

05

물방울 큐빅 목걸이 완성이예요.

물방울 큐빅 목걸이 완성!

천연 원석
목걸이

천연 원석은 가공하지 않은 자연 그대로의 것이기 때문에 같은 종류의 원석이라도 모양이 저마다 달라요. 자연스러운 매력도 있고 모두 다른 모양이라서 세상에 단 하나뿐인 목걸이를 만들 수 있다는 특별한 의미까지 갖고 있는 목걸이예요. 선물할 때에는 선물받는 사람의 탄생석으로 목걸이를 만들면 더 의미 있는 선물이 될 거예요.

재료

랩스터 고리 & 길이 조절 체인
천연 원석(자수정)
O링 - 0.6*3mm × 4개
9핀
얇은 실버 체인

01
천연 원석에 9핀을 넣어 주세요.

02
빠져나온 9핀을 7mm 정도 남기고 나머지
는 잘라 주세요.

03
7mm 남긴 부분을 9자말이 집게를 이용해
서 반대편과 같은 모양으로 동그랗게 말아
주세요.

✓ 양쪽의 핀은 서로 '∞' 모양이 되도록 만들어야 해요!

04
체인을 천연 원석과 연결할 차례예요. 체인
은 19cm씩 잘라 2줄을 준비해요. O링을
써서 9핀 고리와 체인을 연결해요.

05
한쪽 체인 끝에는 랍스터 마감 장식의 랍스
터 고리를 O링으로 연결해요.

06
다시 반대편 체인 끝에는 랍스터 마감 장식
의 길이 조절 체인을 O링으로 연결해요.

TIP

9핀에 작은 원석 여러 개를 넣어 만
들어도 귀여운 목걸이가 돼요.

천연 원석 목걸이 완성!

진주 목걸이

천연진주 중에서도 모양이 울퉁불퉁한 진주를 못난이 진주라고 불러요. 동그란 모양은 아니지만 대신 값이 저렴하고 울퉁불퉁한 모양이 오히려 더 매력적으로 느껴지기도 해요. 진주 목걸이는 클래식한 목걸이 중에서도 가장 기본이 되는 목걸이 중 하나죠. 그 분위기가 고급스럽기도 해서 격식을 차리는 자리에서 착용하기 좋아요.

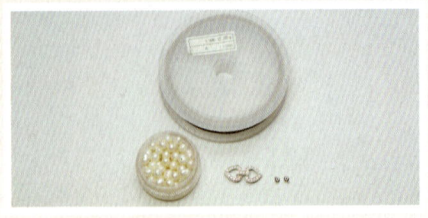

재료

피아노줄
진주(못난이 진주)
실버 하트 클래습(잠금 장식)
특수 고정볼 × 2개

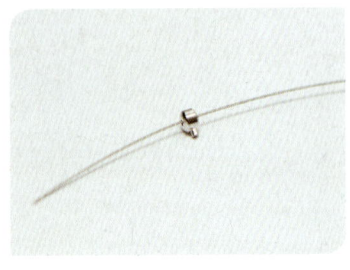

01

피아노줄에 특수 고정볼을 넣어 주세요.

02

실버 하트 클래습 옆면에 나 있는 홈에 피아노줄을 넣고 바로 옆 홈으로 다시 줄을 빼내요. 끼워 두었던 특수 고정볼에 사진과 같이 줄을 넣고 단단히 당겨 주세요.

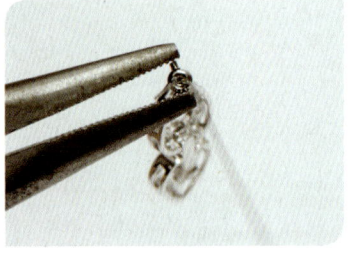

03

평집게를 이용해서 특수 고정볼의 볼록 튀어나온 부분을 꼭 눌러 볼을 고정시켜요.

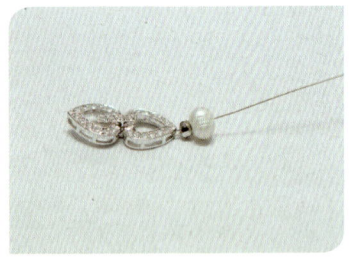

04

고정볼 위로 약간 나와 있는 피아노줄은 못난이 진주를 넣어 숨겨 주면 돼요.

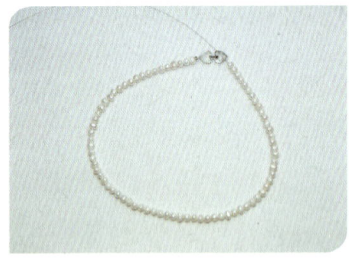

05

못난이 진주를 총 38cm 정도의 길이가 되도록 넣어 주세요.

06

특수 고정볼을 피아노줄에 끼워 주세요.

07

실버 클래습 옆면의 홈에 피아노줄을 넣고 바로 옆 홈으로 다시 줄을 빼내요. 02, 03번 과정의 반복이에요.

08

남은 피아노줄은 고정볼 옆 진주 속으로 넣어 감춰 주세요.

못난이 진주를 이용한 진주 목걸이 완성!

04

삼각 체인
목걸이

생선 가시 같은 독특한 디자인의 체인과 삼각 펜던트를 조합하여
만든 목걸이.
기하학적인 조형미가 느껴져 독특하면서도 클래식한 스타일을 선
호하는 사람들이 좋아하는 디자인이에요.

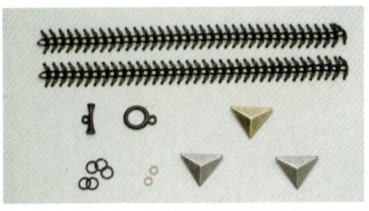

⋯⋯⋯⋯⋯⋯⋯⋯⋯⋯⋯⋯⋯⋯⋯⋯ 재료

체인
토글 바
O링 - 블랙 무광 1·5mm × 5개
　　　 일반 1.2·6mm × 2개
삼각 펜던트 × 3개

* 재질, 소재에 따라 액세서리의 느낌이 많이 달라져요.
만들기는 자유지만, 특별히 이번 만들기에선 무광으로 재
료를 통일시켜 만들어 보세요. 토글 바-체인-O링이 무광
소재예요.

01

삼각 펜던트를 원하는 위치에 놓고 목걸이
디자인을 한 번 구상해 보아요.

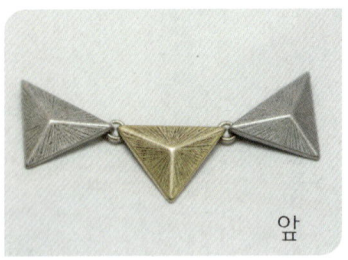

앞

뒤

02

O링(일반)을 이용하여 삼각 펜던트를 서로 연결해 주세요.

03

O링(블랙 무광)을 이용하여 삼각 펜던트와 체인을 연결해요.

04

체인을 연결할 차례예요. 토글 바를 준비해
주세요.

삼각 체인 목걸이 완성!

O링
2개!

05

체인 양 끝에 O링(블랙 무광)을 이용하여 토글 바를 달아 주세요.

✓ 바의 움직임을 더 자유롭게 하기 위해 바에는 O링을 2개 달아 주었어요.

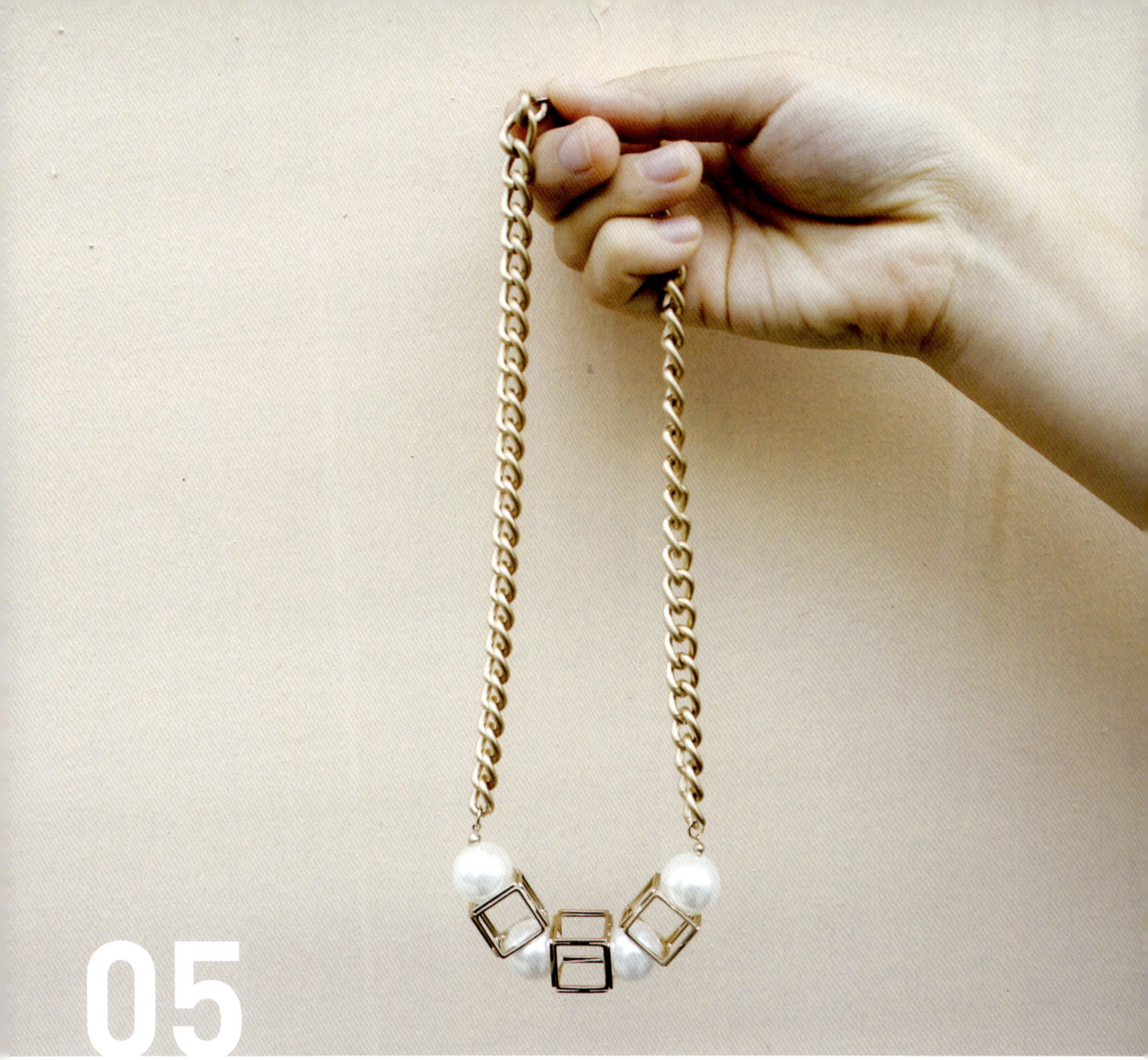

진주 사각
목걸이

아크릴진주와 정육면체 프레임을 결합하여 만든 목걸이예요. 투명 낚싯줄을 활용하여 정육면체 프레임이 돋보일 수 있도록 디자인된 목걸이랍니다.

----------------------------------- 재료

낚싯줄   구멍지프 & 고정볼 × 2개
아크릴진주(12mm) × 4개   고정볼 × 4개
정육면체 프레임 × 3개   O링 – 0.8*4mm × 4개
랍스터 고리   골드 체인

01
낚싯줄의 한쪽 끝에 구멍지프와 고정볼 (27P)을 이용하여 마무리해 주세요.

02
진주와 정육면체 프레임을 번갈아 가며 넣어 주세요.

03
진주와 정육면체 프레임으로 장식한 부분의 양 끝을 구멍지프와 고정볼을 이용하여 마무리해 주세요.

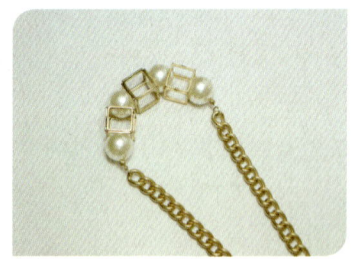

04
O링을 이용하여 구멍지프와 체인을 연결해 주세요.

05
체인 끝에 O링을 이용하여 랍스터 고리를 걸어 주세요.

✓ 사진처럼 반대편 체인 끝에는 볼핀을 준비해서 비즈를 끼우고 9자말이 집게로 고리를 만들어 마감을 해도 좋아요.

진주 사각 목걸이 완성!

06

실버 체인
레이어드 목걸이

다양한 굵기와 모양을 가진 실버 체인을 여러 겹
겹친 레이어드 목걸이.
가볍게 맨투맨 티셔츠와 연출해도 좋아요.

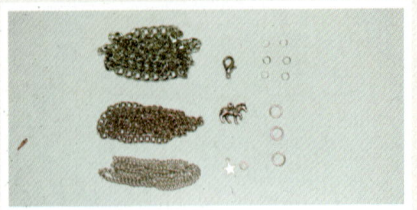

재료

실버 체인 × 각기 다른 종류로 3개
랍스터 고리
얼룩말 펜던트, 별 펜던트
O링 - 0.6*2mm × 7개
          0.8*4mm × 3개

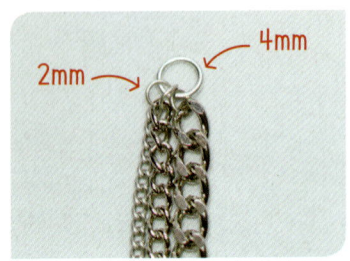

01

세 종류의 실버 체인을 40cm씩 잘라 준비
한 뒤 각 체인 끝에 O링(0.6*2mm)을 단
다음 큰 O링(0.8*4mm) 하나로 모아 주세
요. 반대편도 똑같이 해 주세요.

02

O링(0.8*4mm)을 이용하여 가장 얇은 체
인에 얼룩말 펜던트를 달아 주세요.

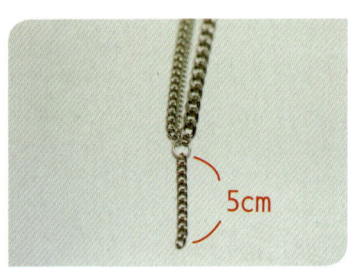

03

중간 크기의 체인을 5cm 정도 따로 잘라
사진과 같이 세 종류의 체인을 연결해 놓은
O링에 연결해 주세요.

04

귀여운 마무리를 위해 체인 끝에 O링
(0.6*2mm)을 걸고 별 펜던트를 달아 주세
요.

05

반대편 체인 끝에는 랍스터 고리를 달아 마
무리해요.

실버 체인 레이어드 목걸이 완성!

07

진주 초커 목걸이

최근 들어 1990년대 패션이 유행하면서 영화 〈레옹〉의 주인공인 마틸다 같은 패션스타일이 주목 받고 있어요. 영화 속 소녀 마틸 다하면 떠오르는 그 목걸이가 바로 초커 목걸이예요. 굵은 끈에 큰 펜던트로 장식했죠. 다소 큰 초커 목걸이를 평상시 착용하고 다니기에는 조금 부담스러울 수 있지만 얇은 가죽끈과 작은 진주 로 만들면 가볍고도 귀여운 스타일을 낼 수 있어요.

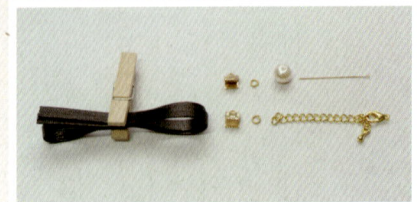

재료

가죽끈
레이스캡 × 2개
O링 - 0.6*3mm × 3개
아크릴진주
T핀
랍스터 고리 & 길이 조절 체인

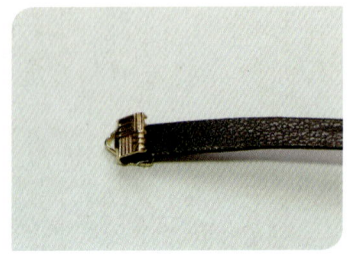

01

가죽끈을 34cm 정도 잘라 준비해요. 가죽
끈 끝에 접착제를 살짝 바르고, 레이스캡
속에 넣어 주세요.

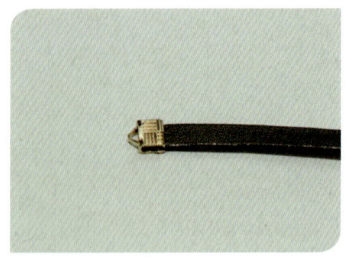

02

평집게로 레이스캡을 꼭 눌러 고정시켜요.

03

반대편도 앞과 똑같이 해 주세요.

04

레이스캡의 고리에 O링을 끼운 다음 랍스
터 고리도 연결해 주세요.

05

반대편 레이스캡에는 길이 조절 체인을 O
링으로 연결해 주세요.

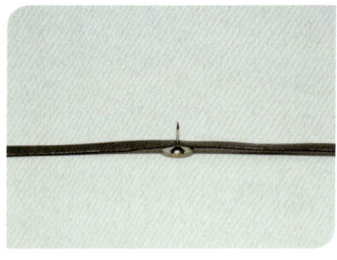

06

끝이 날카로운 압정이나 송곳 등을 이용하
여 가죽끈 가운데에 구멍을 뚫어요.

07

T핀에 아크릴 진주를 끼우고 핀의 7mm
정도를 남겨둔 뒤 잘라 주세요.

08

평집게를 이용하여 핀을 직각으로 꺾어 주
세요.

09

9자말이 집게를 이용하여 방금 꺾어 준 것
과 반대 방향으로 핀을 동그랗게 말아 고
리를 만들어 주세요.

10

가죽끈에 구멍을 낸 부분에 O링을 끼우고
여기에다가 T핀 진주 고리를 연결해 주세
요.

진주 초커 목걸이 완성!

ACC CHOICE

레이스 초커 목걸이

가죽끈 대신 레이스 소재를 사용하
면 여성스러움이 강조되는 초커 목
걸이를 만들 수 있어요.

08

테슬 롱
목걸이

길이가 긴 목걸이는 시선을 사로잡아 체형을 날씬하게 보여 주는
효과가 있어요. 테슬 롱 목걸이는 오페라 길이 목걸이예요.
패턴이 없이 심플하지만 자칫 밋밋할 수 있는 원피스에 착용하면
포인트로 좋은 목걸이랍니다.

--------------------------------- ● 재료

실버 체인   O링 - 0.6*2mm × 2개
실버 바 (장식용)   0.8*4mm × 2개
테슬
랍스터 고리 & 길이 조절 체인
hand made 펜던트

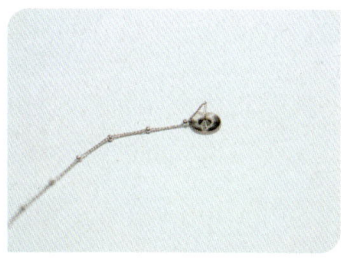

01

구멍이 좁은 체인 구멍은 압정을 이용하여 늘려 주세요.

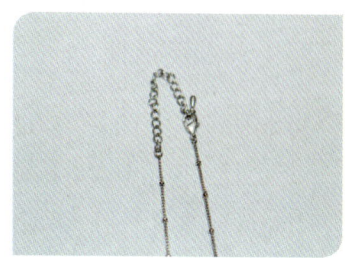

02

늘려준 구멍에 O링(0.6*2mm)을 끼우고 길이 조절 체인을 연결해 주세요.

03

반대편도 압정을 이용하여 구멍을 늘린 다음 O링을 끼워서 랍스터 고리를 연결해 주세요.

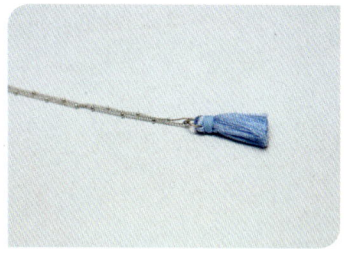

04

체인에 테슬을 끼워 주세요.

05

실버 바와 hand made 펜던트도 O링 (0.8*4mm)을 이용하여 달아 주세요.

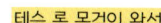

테슬 롱 목걸이 완성!

09

진주 체인 목걸이

중심에 꽃 모양 큐빅 펜던트가 들어가 화려함이 강조되는 목걸이 예요. 굵은 체인의 강한 느낌을 진주와 큐빅이 눌러 주어 조화를 이루고 있어요. 이러한 볼드 목걸이는 심플한 옷을 입을 때 포인트 아이템으로 적절해요.

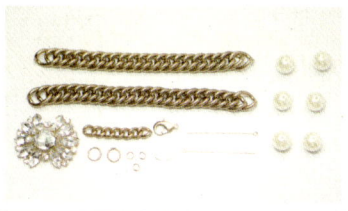

굵은 체인 (각각 17cm)   hand made 펜던트
꽃 모양 큐빅 펜던트   9핀 × 2개
랍스터 고리 & 길이 조절 체인   아크릴진주(14mm) × 6개
O링 - 0.6*3mm × 3개
      1.2*6mm × 2개

* 마감 장식인 랍스터 고리 & 길이 조절 체인도 마찬가지로 굵은 것을 초이스!

01

9핀에 아크릴진주 3개를 넣어요.

02

9자말이 집게를 이용하여 핀의 끝부분을 동그랗게 말아 주세요.
이와 똑같이 하나 더 만들어 9핀 진주 한 쌍을 완성해 주세요.

03

앞에서 동그랗게 말은 핀을 반만 벌려 꽃 모양 큐빅 펜던트 고리에 넣고 다시 오므려서 사진과 같이 연결해 주세요. 반대편도 이와 같은 방법으로 연결해 주세요.

04

O링(0.6*3mm)을 이용하여 9핀 진주와 체인을 연결해 주세요. 반대편도 이와 같은 방법으로 체인을 연결해 주세요.

05

O링(1.2*6mm)을 이용하여 체인 끝에 랍스터 고리를 연결해요.

06

반대편 체인 끝에도 O링을 이용하여 길이 조절 체인을 연결해요.

07

길이 조절 체인 끝에 O링(0.6*3mm)을 달고 hand made 펜던트를 연결해 마무리 해요.

진주 체인 목걸이 완성!

10

트위드 체인
목걸이

트위드 소재의 천을 이용하여 만든 목걸이. 트위드 소재 특유의
따뜻함이 느껴져서 겨울에 잘 어울리는 디자인이에요. 겨울옷은
두껍기 때문에 볼드한 액세서리를 매치해야 표가 나죠. 굵은 체인
을 사용해서 볼드함을 살려 존재감을 나타낼 수 있도록 특히 화려
하게 만들어 보았어요.

재료

굵은 골드 체인(45cm)
트위드 천
펜던트 5종
아크릴진주 - 12mm × 2개, 4mm × 1개

캡(레이스, 볼핀에 끼울 것) × 2개
O링 - 0.6*3mm × 4개
　　　 1.2*6mm × 7개
랍스터 고리 & 길이 조절 체인
볼핀 × 3개

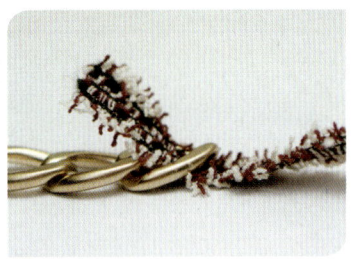

01
체인에 트위드 천을 사진과 같이 아래에서 위로 넣어 주세요.

02
다음 체인 구멍에서는 위에서 아래로 트위드 천을 넣어 주세요.

03
그다음 체인 구멍에서는 아래에서 위로 트위드 천을 넣어요. 01~03번 과정을 체인 끝까지 반복하며 트위드 천을 넣어 주세요.

04
남은 트위드 천은 1cm 가량 남겨두고 잘라 주세요.

05
깔끔한 마무리를 위해 순간접착제를 남은 트위드 천 끝에 바른 뒤 체인 안쪽으로 접어서 붙여 주세요.

06
반대편 체인 끝에도 앞과 같은 방법으로 트위드 천을 마무리해요.

07

체인 끝에 O링(0.6*3mm)으로 랍스터 고리를 연결해 주세요.

08

반대편 체인 끝에는 O링으로 길이 조절 체인을 연결해 주세요.

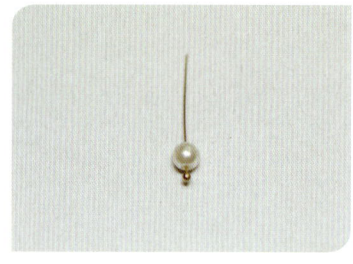

09

이번엔 볼핀과 진주를 준비해 주세요. 볼핀에 아크릴진주(4mm)를 끼워요.

10

핀을 7mm 정도 남긴 뒤 잘라 주세요.

11

9자말이 집게를 이용하여 남은 핀 부분을 동그랗게 말아 주세요.

✔ 이 장식은 마감에 쓰일 거예요. 나중에 길이 조절 체인의 끝에다 O링을 이용하여 달아 주세요. 한결 부드러운 마감이 된답니다.

12

아크릴진주(12mm)에 캡을 씌워 준 뒤 볼핀에 끼워 주세요.

13

12번 과정의 볼핀 + 아크릴진주(12mm)를 하나 더 만들고, 둘 다 둥글게 고리를 만들어 주었어요. 목걸이에 장식할 진주 펜던트가 된 모습이에요.

14

뒤편에 납작하게 가로로 구멍이 나 있는 장식은 작은 O링(0.6*3mm)을 넣어 체인에 달기 쉽도록 만들어 주세요.

15

체인의 중심점을 체크하고, 중심에 들어갈 펜던트를 O링(1.2*6mm)을 이용해서 달아 주세요.

16

달고 싶은 위치에 펜던트를 순서대로 배치해 보고, 서로 잘 어울리는지도 체크해 보세요.

17

중심에서부터 바깥쪽으로 O링(1.2*6mm)을 이용하여 펜던트들을 모두 달아 주세요.

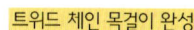

트위드 체인 목걸이 완성!

진주 레이스
목걸이

큰 아크릴진주에 나뭇잎 모양의 레이스를 둘러 볼드함을 강조한 디자인의 목걸이. 목걸이 줄이 체인이기 때문에 특별한 마감 장식이 없이도 간단히 랍스터 고리만 달아서 길이 조절이 가능한 디자인의 목걸이예요.

재료

골드 체인 - 25cm × 2개   O링 - 0.6*3mm × 5개
아크릴진주 - 16mm × 5개   구멍지프 & 고정볼 × 2개
작은 진주 × 1개   랍스터 고리 & 길이 조절 체인
나뭇잎 레이스   볼핀
낚싯줄

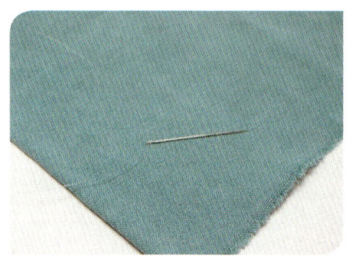

01

바늘에 낚싯줄을 끼워 준비해 주세요.

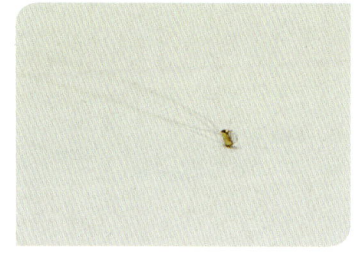

02

낚싯줄 끝에 매듭을 짓고 고정볼을 넣어 평집게로 납작하게 눌러 고정시켜 주세요 (27P).

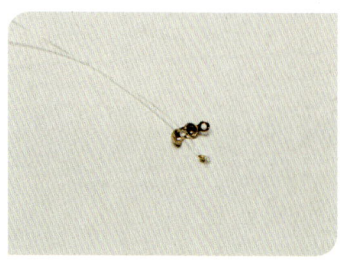

03

구멍지프의 입을 벌린 쪽이 고정볼을 향하도록 하여 낚싯줄에 끼워 주세요.

04

접착제를 조금 발라 주고 평집게를 이용하여 구멍지프를 닫아 주세요.

05

나뭇잎 레이스 끝 부분에 바늘을 이용하여 사진과 같이 낚싯줄을 통과시켜 주세요.

06

이번엔 바늘로 아크릴진주(16mm)를 통과하고 나뭇잎 레이스로 진주의 절반 정도를 감싸 준 뒤 다시 레이스에 바늘을 통과시켜 주세요.

07

앞의 과정을 반복해서 아크릴신주 4개를 더 넣어요. 나뭇잎 레이스로 진주를 감싸는 듯, S자로 구불구불한 모양이 나오도록 만들어 주세요.

08

이크릴진주 5개를 다 넣고 구멍지프와 고정볼을 끼워 줄 차례예요. 28P를 참고하여 해 보아요.

09

구멍지프에 O링을 끼우고 체인 하나를 연결해 주세요.

10

반대편도 마찬가지. 구멍지프에 O링을 끼워서 다른 체인과 연결해요.

11

작은 진주와 볼핀을 준비해요. 볼핀에 작은 진주를 끼우고 9자말이 집게로 핀을 동그랗게 말아 주세요.

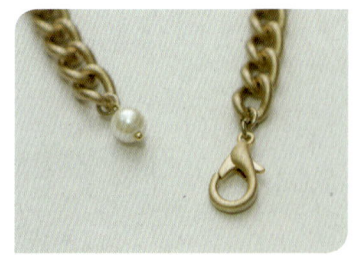

12

볼핀 진주와 랍스터 고리를 O링을 이용해서 체인 끝에 각각 달아 주세요. 랍스터 고리는 O링 2개를 달아 연결해요.

진주 레이스 목걸이 완성!

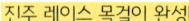

물방울 큐빅
로프 목걸이

서로 정반대의 느낌을 가진 재료가 만나면 색다른 매력이 넘치는
작품을 만들 수 있어요. 투박하게 느껴지는 검은색의 두꺼운 끈에
물방울 큐빅 레이스 장식을 더하여 화려하고 여성스러우면서도
과하지 않은 목걸이를 만들어 보아요.

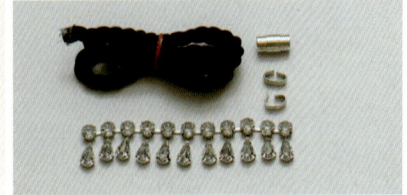

재료

끈(인조 트위스트코드)
물방울 큐빅 레이스
자석 마감 장식
ㄷ자 마감캡 × 2개

01
물방울 큐빅 레이스의 가운데 심 부분을
니퍼로 잘라 10cm 길이로 준비해요.

02
끈은 트위스트 소재라 잘못 자르면 쉽게
풀릴 수 있기 때문에 테이프로 한 번 감은
다음 잘라 주세요.

03
테이프로 감은 곳의 중간 부분을 자르되
양 끈의 본래 꼬임이 풀리지 않도록 조심
해서 잘라요.

04
자석 마감 장식 안쪽에 금속접착제를 바르
고 테이프가 보이지 않도록 끈 깊숙이 넣
어 고정시켜 주세요.

05
끈의 가운데 부분에 접착제를 바른 다음
물방울 큐빅 레이스의 가운데 부분을 붙여
주세요.

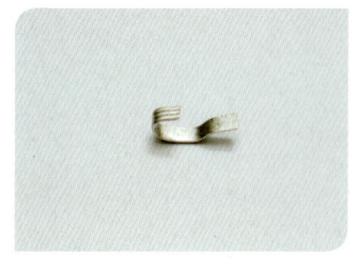

06
ㄷ자 마감캡의 한쪽 면을 평집게를 이용하
여 벌려 주세요.

07
물방울 큐빅 레이스의 마지막 큐빅 앞에
ㄷ자 마감캡을 넣고 끈과 물방울 큐빅 레
이스를 함께 감싸 주세요.

08
뒤집어서 ㄷ자 마감캡의 한쪽 면도 평집게
로 접어 고정시켜 주세요. 반대편도 이와
똑같이 해 주세요.

물방울 큐빅 로프 목걸이 완성!

타투 초커
목걸이

요즘 거리를 걷다 보면 많은 사람들이 초커 목걸이를 하고 있는
모습을 발견할 수 있어요. 락시크 패션을 추구하는 친구들만 하는
것처럼 느껴지던 독특한 디자인의 초커 목걸이가 최근 들어 대중
에게 사랑받는 아이템 중 하나로 자리 잡는 추세예요.

초커 목걸이도 그 소재에 따라 다양한 디자인으로 만들 수 있어
요. 그중 가장 준비물이 간단한 우레탄줄 하나로도 만들 수 있는
타투 초커 목걸이를 소개할게요. 마치 몸에 타투를 새긴 것처럼
보인다고 해서 타투 초커 목걸이라 불러요.

재료

우레탄줄
라이터
가위
단단한 받침대

• 실팔찌류의 팔찌를 만들 때는 실을
고정시키고 작업하면 편해요. 평평한
판에 테이프나 집게로 실을 고정시켜
도 되고 클립보드를 사용해도 돼요.

01

먼저 본인의 양팔을 적당히 벌리고 그 너비
의 2배 정도 되는 길이로 우레탄줄을 준비
해 주세요.
우레탄줄을 반으로 접고 접은 부분은 단단
한 받침대에 테이프나 스티커 등으로 고정
시켜 주세요.

✓사진에 보이는 테이프로 고정시킨 부분은 팔찌의 고리
가 될 거예요. 이렇게 고리가 될 공간을 남겨 두고 작업해
주세요.

02

오른쪽 줄로 사진과 같이 작은 원을 만들어
요.

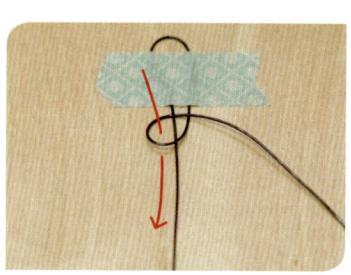

03

왼쪽 줄은 오른쪽 줄로 만든 원에 통과시켜
주세요. 원의 위에서 아래로 통과시키듯이
넣어 주세요.

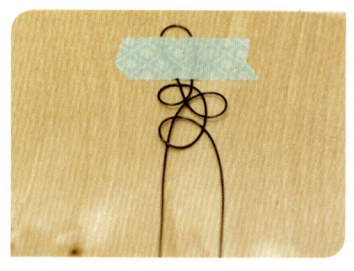

04

원에 넣은 왼쪽 줄로 원을 하나 만들고 오
른쪽 줄을 그 원의 위에서 아래로 통과시
키듯이 넣어 주세요. 통과시킨 오른쪽 줄로
아래에서 원을 또 하나 만들어 주세요.

05

이제 02~04번과 같은 과정의 반복이에요.
본인의 목둘레(30~40cm 정도)만큼 이 작
업을 반복하여 주세요.

06

완성한 후 원이 일정한 크기가 될 수 있도
록 줄을 늘이고 펴는 작업을 반복하며 모양
을 잡아 주세요.

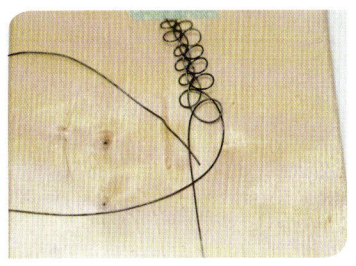

07

2줄을 모아 하나로 묶어요. 줄이 풀리지 않
도록 고정시켜 주세요.

08

묶은 줄을 팔찌의 고리인 반대편 원에 걸어
준 다음 라이터를 써서 줄을 녹여 고정시켜
주세요.

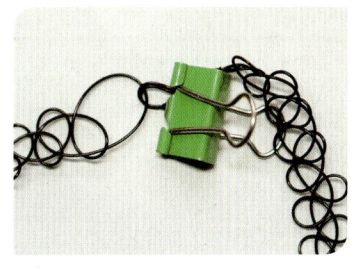

09

줄을 집게에 끼워 사용하면 안전하게 우레
탄줄을 녹일 수 있어요.

타투 초커 목걸이 완성!

ACC CHOICE

타투 초커 팔찌

양팔을 벌린 너비 정도로 줄을 준비
해서 만들면 팔찌로 만들 수 있어요.

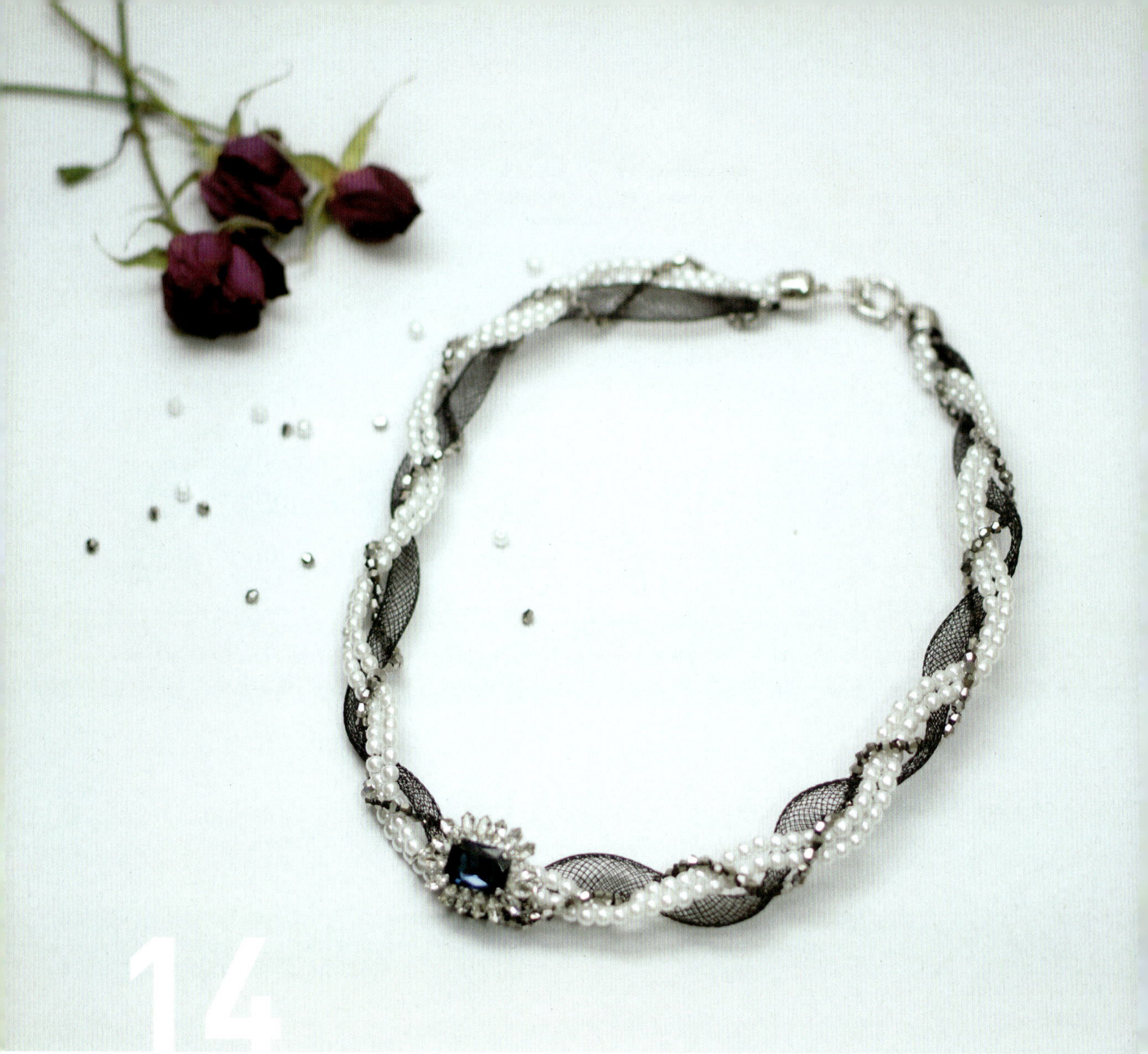

3줄 땋기 목걸이

아크릴진주, 시드비즈, 망사튜브를 머리 땋는 방법처럼 땋아서 만든 목걸이.
여러 줄이 겹쳐진 화려한 목걸이로, 연말 파티 같은 장소에서 착용하기 좋은 목걸이이예요.

─────────────── 재료

O링 – 0.6*3mm × 3개   아크릴진주 체인
         0.8*4mm × 2개   시드비즈 체인
종캡   망사튜브
꽃 모양 펜던트
토글 바

01
망사튜브, 아크릴진주 체인, 시드비즈 체인을 한데 모아 문구용 집게로 집어서 고정시켜 주세요.

02
머리를 땋는다 생각하고 3줄 땋기를 해 주세요.

03
3줄 땋기가 마무리되면 종캡 안쪽에 금속 접착제를 발라서 체인 양 끝에 캡을 씌워 주세요.

04
엮어 준 줄 가운데 부분에 꽃 모양 큐빅 펜던트를 놓아 보며 위치를 확인해요.

05
O링(0.8*4mm)을 이용하여 아크릴진주 체인에 꽃 모양 큐빅 펜던트를 연결해 주세요.

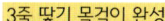

O링
1개

O링
2개

06
종캡과 토글 바도 O링(0.6*3mm)으로 연결해 주세요.

3줄 땋기 목걸이 완성!

스터드 체인
진주 목걸이

뾰족한 장식 덕분에 강해 보이고 싶은 날에 착용하면 그만인 목걸이예요.
특히 연인이 말을 들어주지 않을 때, 다 찔러 버리겠다는 각오로 보여 주면 좋겠다던 반응도 있었던 디자인이에요.

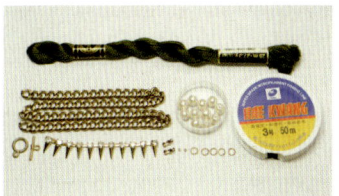

----------------------------------- 재료

퀼트 실   구멍지프 & 고정볼 × 2개
골드 체인   O링 - 0.6*3mm × 5개
토글 바   낚싯줄
스터드 큐빅 레이스
아크릴진주 8mm × 11개

01

낚싯줄을 반으로 접어 먼저 매듭을 짓고 고정볼을 넣어 평집게로 눌러준 뒤 구멍지프를 넣어 주세요(27P).

02

구멍지프에 접착제를 바르고 평집게로 눌러 닫아 주세요.

03

줄에 아크릴진주 11개를 끼워 주세요.

04

아크릴진주를 다 넣은 다음 한쪽에도 구멍지프와 고정볼을 순서대로 넣고 매듭을 지어 남은 낚싯줄은 잘라 주세요. 구멍지프는 접착제를 바르고 평집게로 눌러 닫아 마무리해요.

05

스터드 큐빅 레이스는 아크릴진주의 길이만큼 맞춰 잘라요.

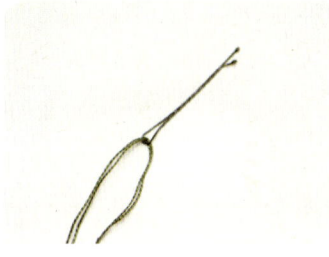

06

머리에 꽂는 실핀을 바늘처럼 이용해요. 핀에 퀼트 실을 넣어 주세요.

07

퀼트 실로 아크릴진주와 스터드 큐빅 레이스 사이를 사진과 같이 하나로 묶어 주세요. 실의 매듭을 묶어야 하므로 목걸이의 뒷면을 놓고 작업해요.

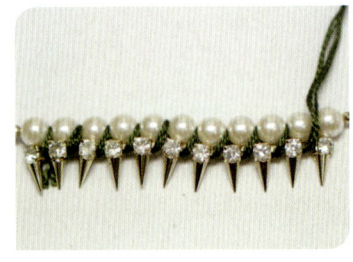

08

아크릴진주와 스터드 큐빅 레이스 사이사이로 퀼트 실을 넣으며 돌돌 감아 연결해 주세요.

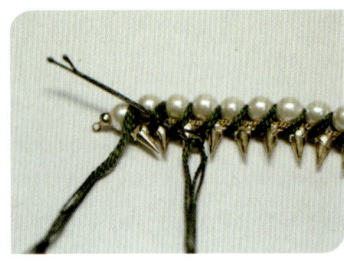

09

퀼트 실을 끝까지 감았으면 이제 다시 목걸이 뒷면을 놓고 끝에서 두 번째로 감은 고리에 사진처럼 실핀을 넣어 실을 통과시켜 주세요.

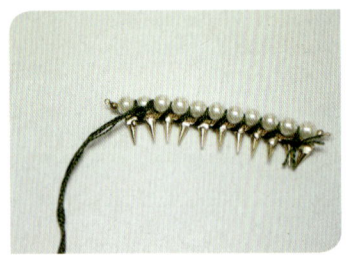

10

실이 풀리지 않도록 팽팽히 잡아당겨야 해요. 매듭을 지어 마무리해 주세요.

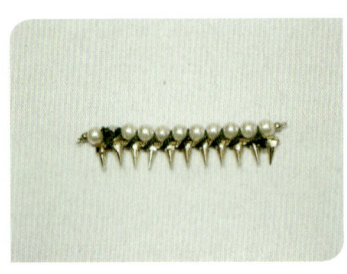

11

양 매듭이 풀리지 않도록 매듭 부분에 순간접착제를 한 방울씩 떨어뜨려 주세요. 남은 실은 가위로 잘라 깔끔히 정리해요.

12

진주와 스터드 큐빅 레이스의 위치를 체인 가운데로 잡아준 뒤 O링으로 구멍지프와 체인을 연결해 주세요.

13

반대편 구멍지프도 O링을 이용하여 체인과 연결해 주세요.

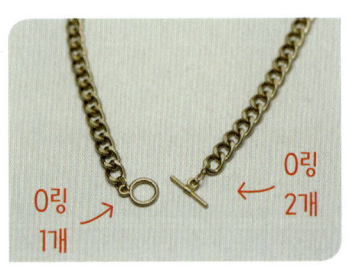

O링 1개

O링 2개

14

체인의 끝에는 O링을 이용하여 토글 바를 각각 연결해 주세요.

스터드 체인 진주 목걸이 완성!

16

진주 오간디
리본 목걸이

오간디 리본은 하늘하늘하고 은은하게 비치는 소재로 많은 여성들이 좋아하는 소재 중 하나죠.
이번엔 보통 목걸이의 주재료로 많이 쓰이는 체인을 사용하지 않았어요. 체인 대신 오간디 리본을 이용하여 여성스러움을 극대화해 본 디자인의 목걸이예요.

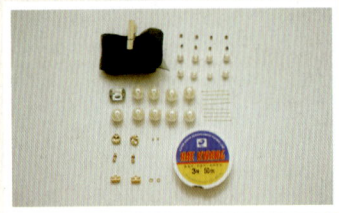

● 재료

오간디 리본
시드비즈 × 8개
아크릴진주 - 10mm × 9개, 4mm × 8개
T핀
캡큐빅

단추형 마감 장식 × 2개
구멍지프 & 고정볼 × 2개
레이스캡 × 2개
O링 – 0.6*2mm × 2개
낚싯줄

01
T핀에 시드비즈와 아크릴진주(4mm)를 끼워 주세요.

02
핀은 7mm 정도만 남겨 두고 잘라 주세요.

03
9자말이 집게를 이용하여 남은 핀을 둥글게 말아 고리를 만들어 주세요.

04
앞의 과정을 반복해 T핀 기법을 이용한 시드비즈와 아크릴진주를 총 8개 만들어 주세요.

05
낚싯줄에 구멍지프와 고정볼을 차례대로 넣어 고정시켜 주고 아크릴진주(10mm)를 하나 끼워 주세요.

06
미리 만들어 놓은 T핀 기법을 한 아크릴진주(4mm)도 낚싯줄에 끼워 주세요.

07
그다음엔 다시 아크릴진주(10mm)를 끼워 주세요.

08
앞의 과정을 반복하여 큰 아크릴진주 9개, 작은 아크릴진주 8개를 장식으로 넣어 목걸이의 중앙을 완성해요.

✓ 아크릴진주를 끼우면서 곡선 형태를 유지할 수 있도록 계속 모양을 잡아 주세요.

09
캡큐빅의 윗면에 금속접착제를 바른 다음 정중앙에 있는 아크릴진주의 아래에 붙여 주세요.

✓ 이때 접착제로 인해 목걸이가 바닥에 달라붙지 않도록 유산지 등을 깔고 접착제를 바르는 것이 좋아요.

10

준비한 오간디 리본은 각각 45cm로 잘라 2줄을 준비해요. 리본 끝은 불에 살짝 그슬려서 올이 풀리지 않도록 해 주세요.

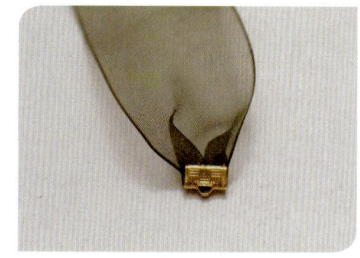

11

리본 끝 부분은 손으로 살짝 주름을 잡고, 금속접착제를 바른 레이스캡을 끼워요. 평집게로 레이스캡을 눌러 고정해요.

12

레이스캡을 고정시킨 리본의 반대편에는 단추형 마감 장식을 넣고 매듭을 지어 마무리해 주세요. 남은 오간디 리본 1줄도 똑같이 만들어요.

13

O링을 이용하여 오간디 리본의 레이스캡과 아크릴진주 장식의 구멍지프를 연결해 주세요. 마감 장식을 따로 이용하지 않고 예쁘게 리본을 묶어 마무리해요.

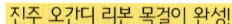

진주 오간디 리본 목걸이 완성!

가을에 어울리는
진주 리본 목걸이

화려한 패턴의 리본으로 진주를 감싼 디자인의 목걸이. 메인에 리본이 들어가기 때문에 어떤 리본을 쓰느냐에 따라서 목걸이의 전체적인 분위기가 달라져요. 낙엽과 비슷한 색상의 리본을 사용하여 가을 느낌이 물씬 나도록 제작해 보았어요.

재료

인조 트위스트 코드 자석 마감 장식
패턴 리본 O링 - 0.6*3mm X 2개
낚싯줄 구멍지프 X 2개
아크릴진주(10mm) X 6개 종캡(8mm) X 2개

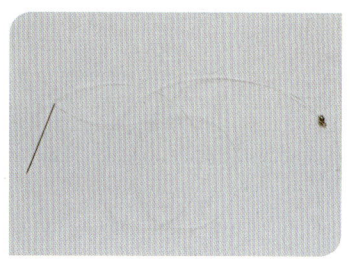

01
바늘에 낚싯줄을 끼우고 끝 부분에 매듭을 지은 뒤 구멍지프로 마무리해 주세요.

02
리본은 올이 풀리지 않도록 끝 부분을 불에 살짝 그슬려 주세요.

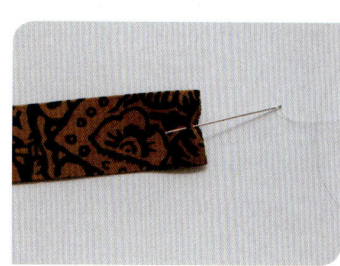

03
리본의 한쪽 끝을 살짝 접어 바늘을 끼우고 낚싯줄을 통과시켜 주세요.

04
바늘에 진주를 끼워 주세요. 리본이 진주의 절반을 감싸도록 주름을 잡고 바늘을 통과시켜야 해요. 방금 통과시킨 지점에서 5mm 가량 떨어진 곳에 다시 리본을 통과하며 바늘을 빼 주세요.
진주를 끼우고 리본이 진주의 절반을 감싸도록 주름 잡아 바늘을 빼는 작업을 반복해요.

05
중간중간 목걸이 모양을 확인하면서 리본 끝까지 진주를 넣어 만들어 주세요.

06
구멍지프를 넣고 매듭을 지어 낚싯줄을 잘라 주세요.

07

구멍지프를 닫아 마무리하고 모양을 다시 한 번 잡아 주세요.

08

목걸이 줄을 만들 차례입니다. 트위스트 코드의 끝 부분에 금속접착제를 발라 한쪽에는 종캡을, 다른 한쪽에는 자석 마감 장식을 씌워 주세요. 총 2줄을 만들어요.

09

O링을 이용하여 진주 리본 장식의 구멍지프와 트위스트 코드의 종캡을 연결해 주세요.

10

마찬가지로 O링을 이용하여 진주 리본 장식의 반대편 구멍지프와 남은 트위스트의 종캡을 연결해 주세요.

가을에 어울리는 진주 리본 목걸이 완성!

겨울 니트에
잘 어울리는 목걸이

포근한 니트에 잘 어울리도록 따뜻
한 느낌의 재료를 사용한 목걸이. 두
꺼운 겨울옷에서도 그 존재감이 드
러날 수 있도록 꽃 모양 큐빅 펜던트
로 포인트를 더해 주었어요.

18

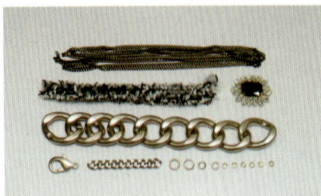

재료

얇은 블랙 체인   O링 - 0.6*2mm X 6개
트위드 천   1*5mm X 2개
두꺼운 무광 체인   1.2*6mm X 2개
랍스터 고리 & 길이 조절 체인
꽃 모양 큐빅 펜던트

01
체인에 트위드 천을 사진과 같이 아래에서 위로 넣고 그다음엔 위에서 아래로 넣어 주세요.

02
어번 과정을 반복하여 체인 끝까지 트위드 천을 교차하여 넣고 남은 천은 1cm 정도 남긴 뒤 잘라 주세요.

03
트위드 천 끝에 순간접착제를 바르고 접어 붙여 주세요.

✓ 깔끔한 마무리를 위해 순간접착제를 남은 트위드 천 끝에 바른 뒤 체인 안쪽으로 접어서 붙여 주세요.

04
반대편도 같은 방법으로 접어 붙여 주세요.

05
중앙에는 천에 바느질을 해서 꽃 모양 펜던트를 달아 주세요.

06
얇은 블랙 체인은 같은 길이로 총 4줄을 준비해요. 각각 2줄씩 나누어 작업할 거예요.

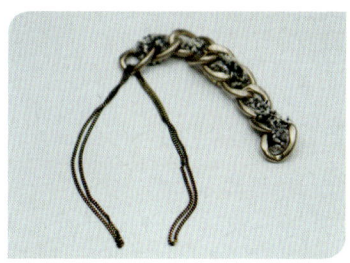

07

먼저 2줄을 굵은 체인의 한쪽 끝에 통과시켜요. 체인의 끝은 O링(0.6*2mm)으로 연결해 주세요.

08

조금 더 큰 O링(1*5mm)으로 앞에서 연결한 작은 O링 2개를 한데 모아 주세요. 남은 얇은 블랙 체인 2줄도 07, 08번 과정과 똑같이 하여 반대편에 연결해 주세요.

09

한쪽 체인에는 랍스터 고리(1.2*6mm)를 연결해 주세요.

10

사진처럼 반대편 체인 끝에 먼저 길이 조절 체인을 연결하고 볼핀을 준비해서 비즈를 끼운 다음 9자말이 집게로 고리를 만들어 마감을 해도 좋아요.

겨울 니트에 잘 어울리는 목걸이 완성!

BRACELET

팔찌

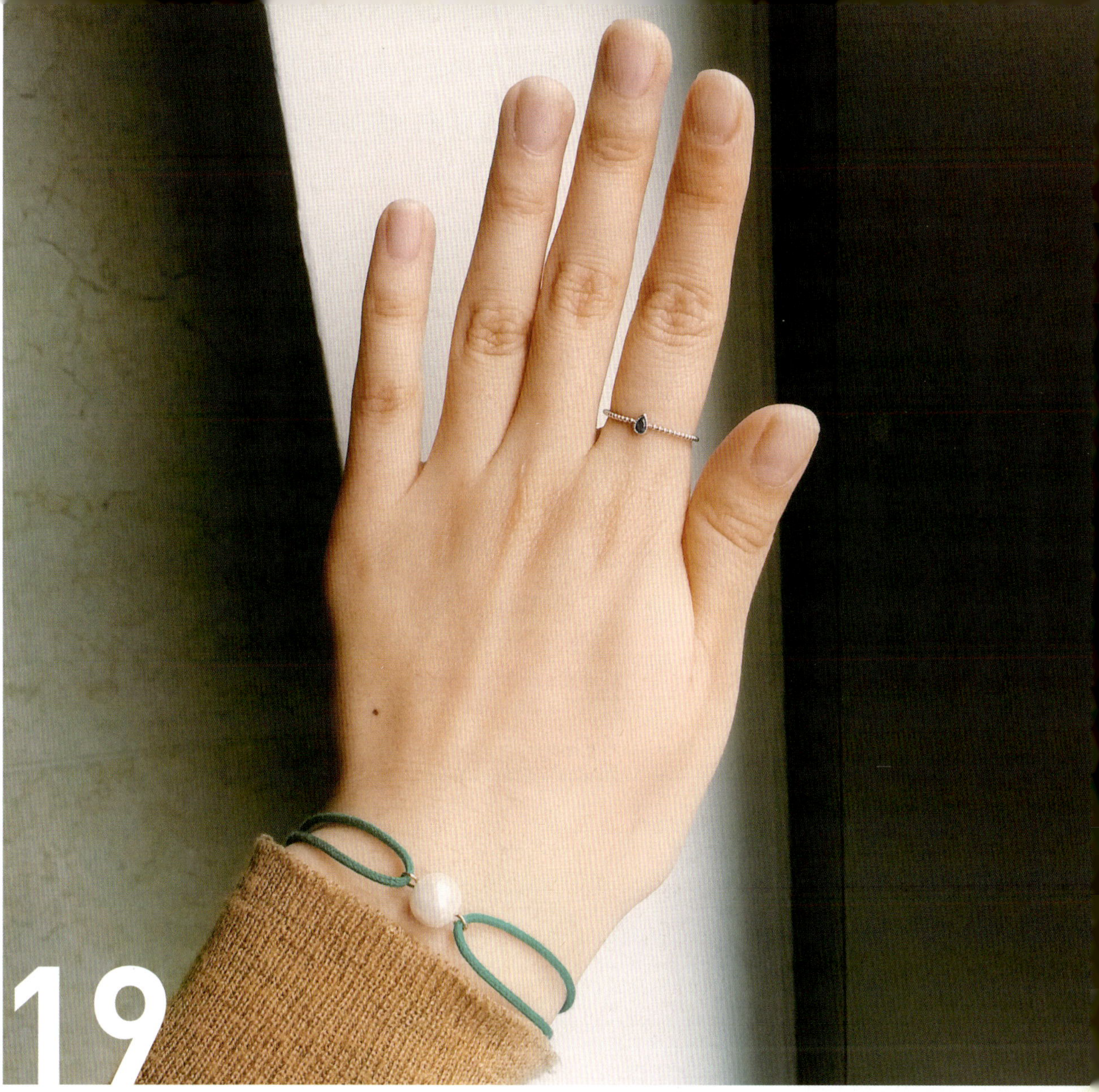

기본 실팔찌

어떤 액세서리와도 잘 어울리는 기본 실팔찌

얇은 실팔찌는 어느 옷, 어느 상황에서나 고루고루 잘 어울리는 아이템이에요. 천 소재의 팔찌라 무난하게 어디든 잘 어울려 매일 착용하기에도 참 좋은 액세서리죠. 만드는 데 시간도 얼마 안 걸리고 재료도 간단하여 이제 막 액세서리 만들기를 시작하는 초보자들에게도 적절해요. 단체로 많은 인원에게 선물해야 할 때도, 친구들에게 우정 팔찌로 선물하기에도 딱이에요.

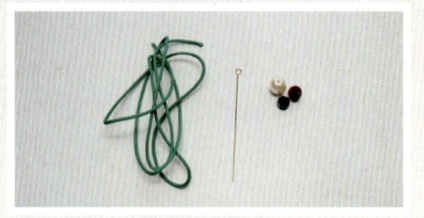

------------------------------ 재료

매듭끈
아크릴진주(6mm)
9핀

01

9핀에 아크릴진주를 끼운 뒤 핀의 7mm 정도를 남겨 두고 잘라 주세요.

02

자른 부분은 9자말이 집게를 이용하여 동 그랗게 말아 주세요.

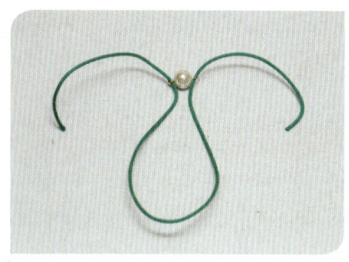

03

9핀 기법을 한 아크릴진주의 양쪽 고리에 사진과 같이 매듭끈을 끼워요.

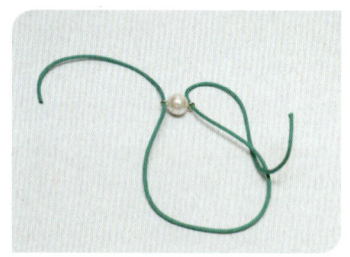

04

한쪽 끈을 아래에 있는 원의 안쪽에 걸어 서 매듭을 지어 주세요.

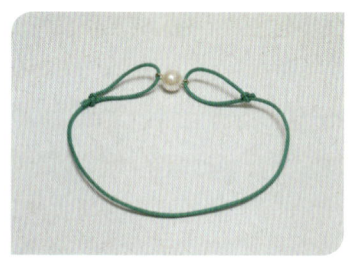

05

반대편도 똑같이 매듭을 짓고, 남은 끈은 잘라 모양을 정리해 주세요.

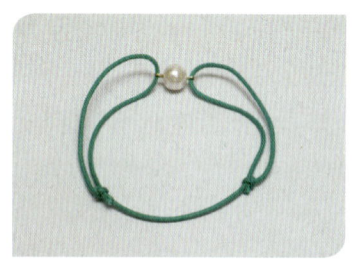

06

매듭을 움직여서 길이를 조정할 수 있답니 다.

TIP

친구나 연인에게 선물할 때 아크릴진주 대신 탄생석을 넣어 만들면 더 특별한 선물이 될 거예요.

기본 실팔찌 완성!

20

2줄 실팔찌

기본 아이템이자 포인트가 되는 2줄 실팔찌

실팔찌이지만 가운데에 큐빅이 들어가 블링블링해요. 외국 패션 사진에서 많이 발견하게 되는 팔찌인데, 심플하여 매일 착용하기에도 좋고 큐빅이 여성스러움도 강조해서 많은 사랑을 받고 있는 것 같아요. 하나만 착용하기보다는 원석 팔찌 등을 함께 레이어드해서 착용하면 더욱 스타일리시해 보일 거예요.

재료

매듭끈
캡큐빅(타원형)
고정볼 X 2개
클림프 아이 X 2개(마감 장식)

O링 - 0.6*2mm X 2개
배꼽 장식(마감 장식)

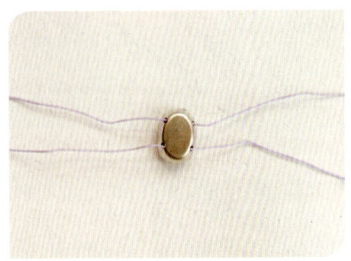

01

매듭끈을 14cm 가량 잘라 2줄을 준비해요. 캡큐빅에 있는 4개의 구멍에 사진과 같이 끈을 통과시켜 주세요.

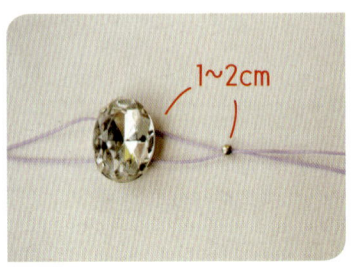

02

캡큐빅이 정중앙에 위치하도록 놓고 끈 2줄에 고정볼을 끼워 주세요. 이때 고정볼의 위치는 캡큐빅에서 1~2cm 가량 떨어진 곳에 위치시켜요.

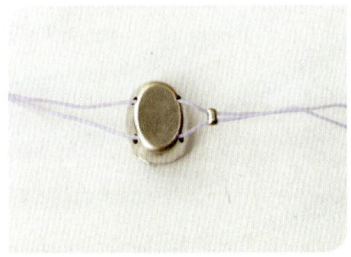

03

평집게를 이용하여 고정볼을 납작하게 눌러 고정시켜 주세요.

04

반대편의 매듭끈도 02, 03번 과정을 반복하여 주세요.

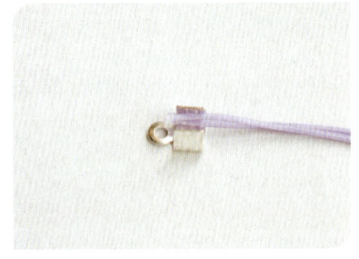

05

끈 2줄의 길이가 맞게끔 잘라 정리해요. 끈의 끝에 금속접착제를 소량 발라서 클림프 아이의 안쪽에 놓아요. 줄의 끝 부분이 보이지 않도록 놓아 주세요.

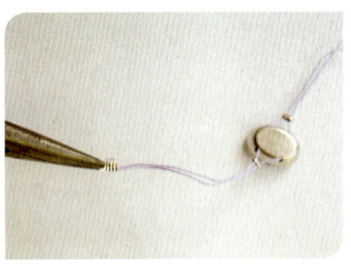

06

종이를 접는 것처럼 클림프 아이 한쪽을 평집게로 접어 눌러 주세요.

07

나머지 클림프 아이 한쪽도 평집게로 접어 눌러서 마무리해요.

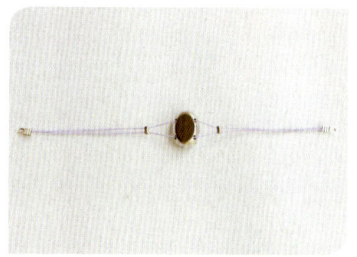

08

반대편도 05~07번 과정을 반복하여 마무리해 주세요.

09

O링을 이용하여 클림프 아이와 배꼽 장식을 연결해 주세요.

✓ 배꼽처럼 생겼다하여 배꼽 장식이라 부르는 마감 장식이에요. 둥근 고리에 볼을 끼워서 사용해요. 사진에도 고리에 볼이 끼워져 있어요.

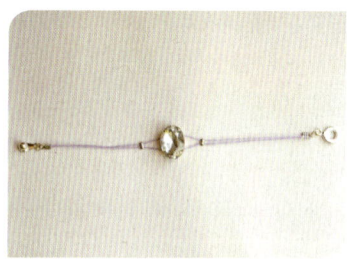

10

배꼽 장식을 열고, 반대편 매듭끈의 클림프 아이에도 연결해 주세요.

TIP

큰 캡큐빅 대신 작은 캡큐빅을 여러 개 넣어 만들면 또 다른 스타일의 팔찌를 완성할 수 있어요.

2줄 실팔찌 완성!

조개 원석 팔찌

휴양지에서는 원석 체인 레이스 팔찌

휴양지하면 푸른 바다와 은빛 파도, 조개가 자동으로 떠 올라요. 팔찌의 푸른 원석이 바다 느낌을 주고 실버 체인 을 물결처럼 넣으니 은빛 파도까지 연상되는 것 같아요. 포인트로 조개 모양의 펜던트를 달아 그야말로 푸른 빛 깔의 휴양지 느낌이 나는 팔찌를 만들어 보아요.

재료

원석 - 8mm × 19개
무광 화이트골드 체인
조개 모양 펜던트
T핀

O링 - 0.6·3mm X 1개
hand made 펜던트
우레탄줄

01

우레탄줄을 20cm 정도 잘라 준비한 뒤 체인의 첫 번째 구멍에 끼워 주세요.

02

체인을 끼운 우레탄 줄에 뒤이어 원석을 하나 넣어 주세요.

03

체인으로 원석의 아랫부분 절반 정도를 감싼 다음, 우레탄줄에 체인 구멍을 맞춰 끼워 주세요.

04

두 번째 원석을 넣고, 이번에는 체인으로 원석의 윗부분 절반을 감싼 다음. 우레탄줄에 체인 구멍을 맞춰 끼워 주세요.

05

02~04번 과정을 반복하여 체인이 알파벳 'S'자 모양이 되도록 반복해요.

06

마지막 원석을 끼우고 우레탄줄에 체인 구멍을 맞춰 끼운 뒤 사진처럼 체인을 잘라 주세요.

07

양쪽 우레탄줄을 한데 모아 매듭을 지어 주세요.

✓ 매듭을 지은 후 매듭 부분에 소량의 순간접착제를 발라 주면 더 튼튼하게 만들 수 있어요.

08

우레탄줄 한쪽을 잡고 반대편에 위치한 원석 구멍에 끼워 준 다음 살짝 잡아 당겨 원석 안으로 매듭이 들어갈 수 있도록 해 주세요. 남은 우레탄 줄은 잘라요. 매듭이 원석 안으로 들어가 깔끔하게 마무리할 수 있어요.

09

T핀에 조개 모양 펜던트를 넣고 핀의 7mm 정도만 남긴 채 잘라 주세요.

10

9자말이 집게를 이용하여 핀을 동그랗게 말아 주세요.

11

동그랗게 말은 부분을 살짝 벌려 원석 사이 체인에 걸어 주고 다시 말아 주세요.

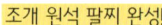

12

원석 팔찌 중간에 O링을 달고 hand made 펜던트도 달아 주세요.

> 조개 원석 팔찌 완성!

핸드체인

여성스러움을 강조해 줄 핸드체인

최근 아이돌 가수들의 무대를 보면, 얇은 체인을 몸에 여러 줄 걸친 패션을 종종 볼 수 있어요. 이러한 액세서리를 '보디체인'이라고 하는데, 얇은 체인이 자연스럽게 떨어지는 모습이 보디라인을 더 돋보이게 하죠. 다만 보디체인은 일상에서 착용하기에는 부담스럽다는 아쉬움이 있어요. 핸드체인이 바로 그런 아쉬움을 해소해 주는 아이템이랍니다. 반지와 팔찌를 잇는 이 장식물을 '핸드체인' 또는 '결속 반지팔찌'라고 불러요. 반지와 팔찌를 이은 줄은 손목을 더 가냘파 보이게 하여 여성미도 더해 준답니다. 장식 없이 체인 하나만으로도 충분한 잇-아이템이에요.

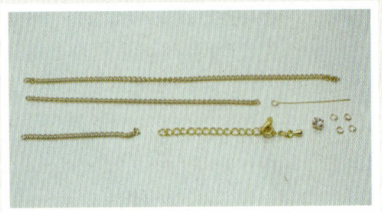

재료

체인 - 13cm, 10cm, 6cm
9핀
랍스터 고리 & 길이 조절 체인
캡큐빅
O링 - 0.6*2mm X 4개

01

길이를 13cm 정도로 자른 체인은 O링을 이용하여 체인 양 끝에 랍스터 고리와 길이 조절 체인을 연결해 주세요. 핸드체인의 팔찌 부분이에요.

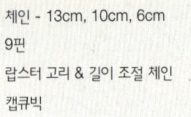

02

9핀에 캡큐빅을 끼운 다음 핀을 7mm 정도만 남기고 잘라 주세요.

03

7mm 정도 남긴 핀 부분을 9자말이 집게를 이용하여 동그랗게 말아 주세요.

04

10cm 길이의 체인을 반으로 나누어 잘라 5cm 체인 2줄을 준비해요.
9핀 캡큐빅의 고리 부분을 다시 살짝 벌린 후 5cm 체인과 연결해 주세요.

05

반대편 고리에도 앞과 같은 방법으로 다른 5cm 체인을 연결해 주세요. 이 부분은 핸드체인의 팔찌와 반지를 이을 체인이에요.

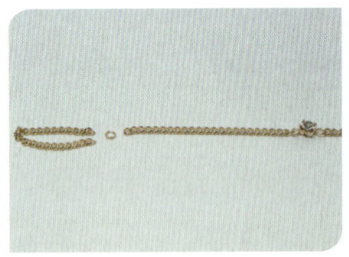

06

남은 6cm 길이의 체인은 O링을 걸어서 반지로 만들어요. 또 캡큐빅을 연결한 체인(5cm) 한쪽과도 O링으로 이어주세요.

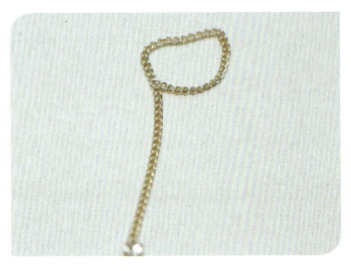

07

06번 과정을 거치면 하나의 O링에 체인 3줄이 걸려 있는 형태가 돼요.

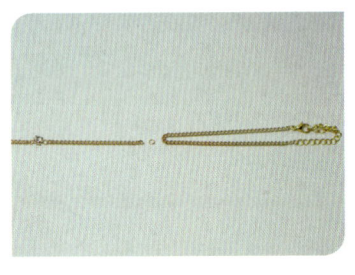

08

아직 아무것도 달지 않은 체인(5cm)의 한쪽에는 O링을 이용하여 01번 과정에서 만든 팔찌를 연결해 주세요.

핸드 체인 완성!

23

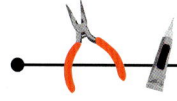

실버 체인 팔찌

살랑살랑 물결처럼 흔들리는 느낌이 좋은
실버 체인 팔찌

굵기가 얇은, 서로 다른 모양의 실버 체인을 한데 모아
연결하여 손목에서 물결처럼 흐르는 팔찌예요. 무난한
디자인이니 데일리 팔찌로 착용해 보세요.

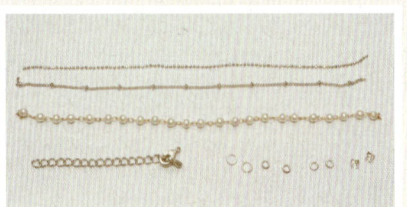

━━━━━━━━━━━━━━━ 재료

얇은 체인 3종 - 군번줄 체인, 실버 체인, 진주 체인
랍스터 고리 & 길이 조절 체인
O링 - 0.6*2mm X 4개
       0.8*4mm X 2개
군번줄 전용 캡

01

군번줄 체인은 군번줄 전용 캡을 끼우고 캡을 평집게로 닫아 고정시켜 주세요.

02

반대편 체인 끝에도 똑같이 군번줄 전용 캡을 이용하여 O링을 연결할 수 있게 마무리해 주세요.

03

구멍이 작은 실버 체인은 압정으로 구멍의 크기를 늘려 O링(0.6*2mm)을 연결해 주세요. 반대편 체인 끝에도 똑같이 O링을 연결해 주세요.

04

작은 진주 체인도 압정으로 구멍의 크기를 늘려 O링(0.6*2mm)을 연결해 주세요. 반대편 체인 끝에도 똑같이 O링을 연결해 주세요.

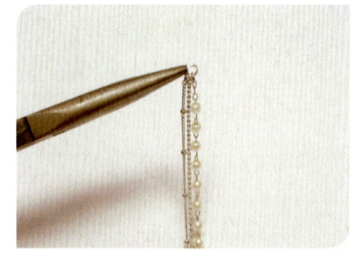

05

O링(0.8*4mm)에 3종류의 체인을 순서대로 넣어 주세요. 반대편 체인 끝에도 똑같이 O링을 연결해 주세요.

06

집게로 O링을 살짝 벌린 다음 랍스터 고리와 길이 조절 체인도 넣고 O링을 닫아 주세요.

07

랍스터 고리를 마지막으로 끼우고 O링을 닫아 마무리해요.

실버 체인 팔찌 완성!

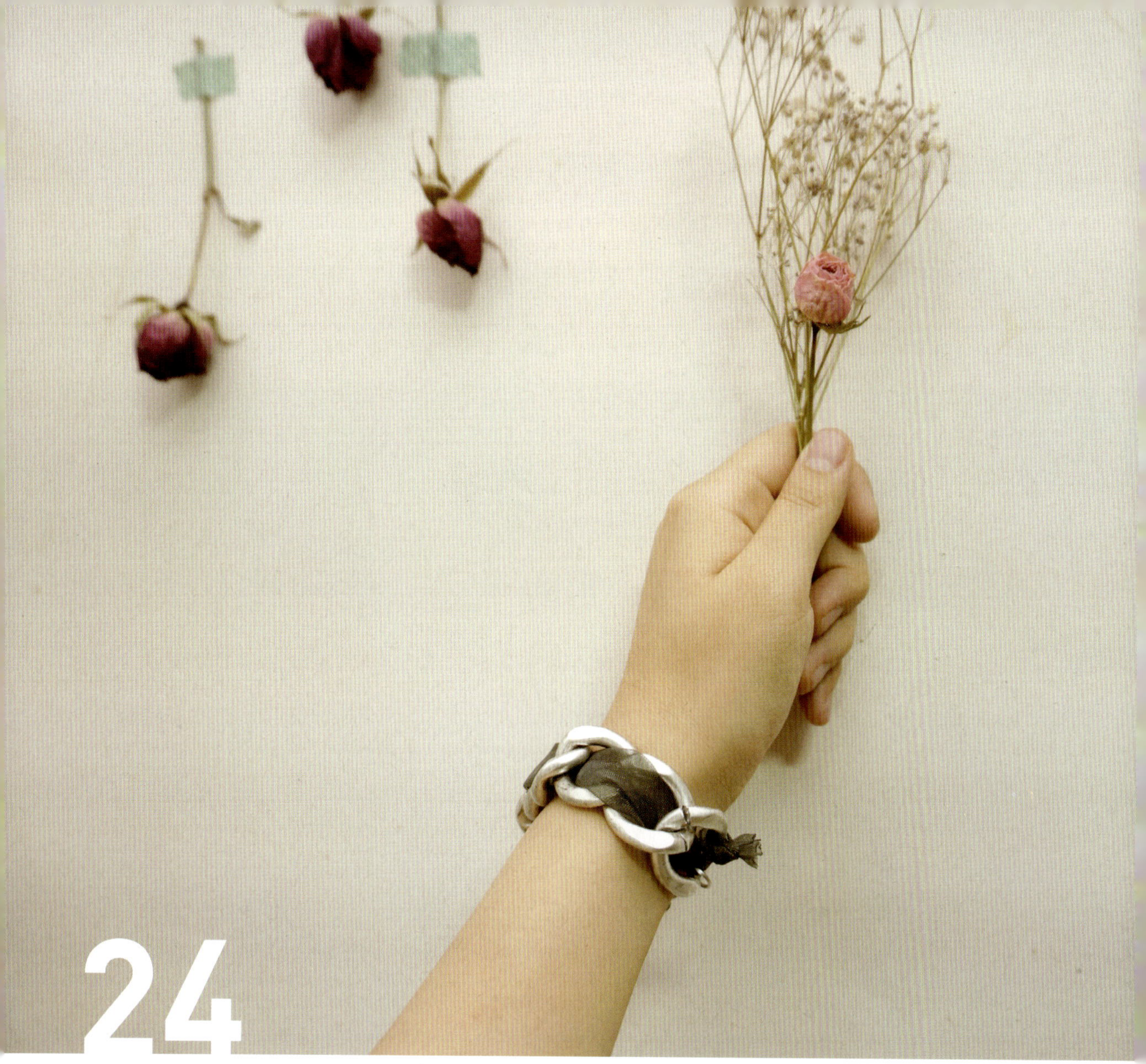

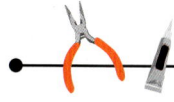

오간디 리본 팔찌

오늘의 패션 포인트가 되어 줄 오간디 리본 팔찌
청키한 매력의 굵은 실버 체인에 하늘하늘한 오간디 리본을 더하여 강하면서도 여성스러움이 느껴지는 팔찌예요.

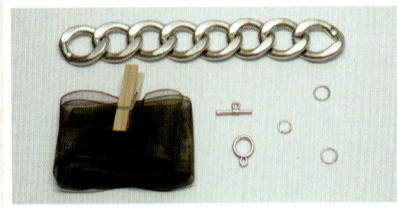

재료

굵은 체인
오간디 리본
토글 바
O링 - 0.6*3mm X 1개
　　　 0.8*4mm X 2개

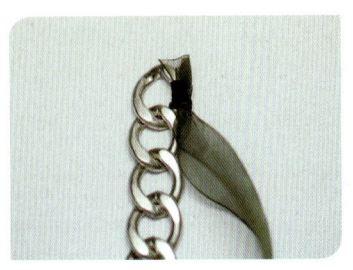

01

체인은 14cm 가량 잘라 준비해요. 체인의 첫 번째 구멍에서 오른쪽 기둥에 오간디 리본을 묶어 주세요.

✓ 오간디 리본의 올이 풀리지 않도록 라이터로 살짝 그슬려 주세요.

02

첫 번째 구멍에서 리본을 위에서 아래로 넣어 주고 그다음 구멍에서는 아래에서 위로 리본을 통과시켜 주세요.

03

다시 다음 구멍에서는 리본을 위에서 아래로 통과시켜 주세요. 계속해서 리본을 체인 위아래로 교차하며 넣어 주세요.

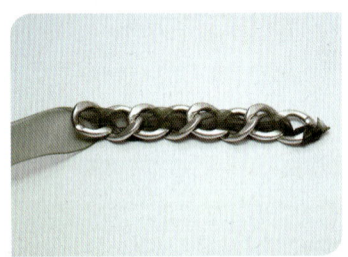

04

02~03번 과정을 반복하여 체인 끝까지 오간디 리본을 넣어 주세요.

05

체인의 마지막 구멍에서 왼쪽 기둥에 오간디 리본을 매듭지어 주세요.

06

남은 리본끈은 잘라 주고 고정을 위해 라이터로 살짝 그슬려 주세요.

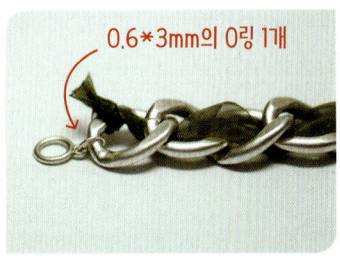

0.6*3mm의 O링 1개

07

양 체인 끝에는 O링을 이용하여 토글 바를 달아 주세요.

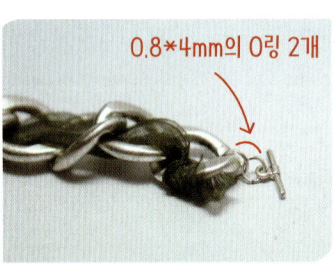

0.8*4mm의 O링 2개

오간디 리본 팔찌 완성!

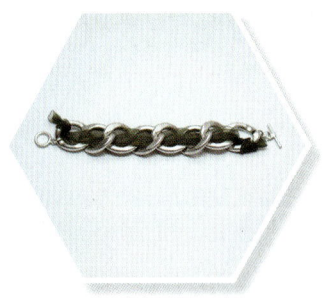

가죽끈 팔찌

원석과 가죽이 빈티지하게 어울리는 가죽끈 팔찌

가죽과 칩 원석을 이용하여 보헤미안 느낌이 나는 팔찌를 만들어 보았어요. 가죽은 사용하면 사용할수록 빈티지함이 더해져서 멋스러움이 살아나는 소재예요. 동남아 같은 휴양지에서 착용해도 좋고, 남성분들이 착용해도 좋아요.

---------------------- 재료

우레탄줄
가죽끈
칩 원석
기본 원석

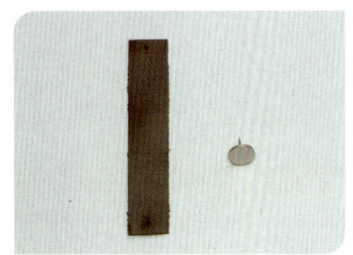

01

가죽끈을 7cm 가량 잘라 준비한 뒤 압정을 이용하여 양쪽 끝 부분에 구멍을 뚫어 주세요.

02

구멍을 뚫어 준 가죽끈에 우레탄줄을 끼우고 한쪽에 칩 원석을 8cm 정도 넣어 주세요.

03

반대편에도 칩 원석을 8cm 정도 넣어 주세요.

04

우레탄줄 하나만 반대편 가죽끈의 구멍에 밖에서 안으로 줄을 끼우고, 나머지 우레탄줄과 함께 가죽 안쪽에 매듭을 지어 주세요.

05

매듭지은 부분에 순간접착제를 살짝 바르고 남은 줄은 잘라 주세요. 칩 원석 장식이 완성되었어요.

06

이번엔 기본 원석으로 02~05번 과정을 똑같이 반복해 주세요.

가죽끈 팔찌 완성!

별 체인
뱅글 팔찌

반짝반짝 별이 빛나는 뱅글 팔찌

뱅글과 별 모양 체인을 활용한 팔찌예요. 일반적인 뱅글과는 달리 하프 뱅글을 사용하여 팔찌의 한 부분을 자유롭게 장식할 수 있다는 특징이 있어요. 딱딱하게 느껴질 수 있는 뱅글에 밤하늘이 흘러내리는 듯한 별 모양의 체인을 조합해 보았답니다.

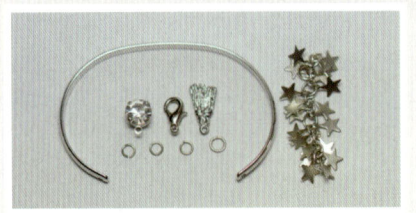

재료

하프 뱅글	O링 - 0.6*3mm X 3개
큐빅 펜던트	0.8*4mm X 1개
금속 테슬 펜던트	별 모양 체인
랍스터 고리	

01

별 모양 체인을 3~4cm 정도 잘라 준비해 주세요.

02

별 체인 끝에는 O링(0.6*3mm)을 이용하여 큐빅 펜던트를 달아 주세요.

03

O링을 이용하여 큐빅 펜던트 옆에 금속 테슬 펜던트를 달아 주세요.

04

금속 테슬 펜던트 옆에도 O링을 이용하여 랍스터 고리를 달아 주세요.

05

아무것도 달지 않은 반대편 별 체인의 끝에는 O링(0.8*4mm)을 달아 랍스터 고리와 연결할 수 있도록 해 주세요.

별 체인 뱅글 팔찌 완성!

27

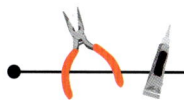

원석 체인 팔찌

다양한 원석을 매치시켜 보아요! 원석 체인 팔찌

원석과 체인을 이용한 팔찌예요.
여름에는 시원한 색상의 원석과 실버 체인의 조합을, 가을 겨울에는 어
두운 색상의 원석과 무광 골드 체인의 조합으로 팔찌를 만들어 보세요.

·········· 재료

실버 체인   O링 - 0.8*4mm X 2개
둥근 원석   랍스터 고리
9핀   투명한 비즈
T핀

01

9핀에 원석을 끼워 주세요.

02

9핀의 핀을 7mm 정도 남기고 자른 뒤 9
자말이 집게로 동그랗게 말아 고리를 만들
어 주세요.

03

9핀의 한쪽 고리를 평집게로 다시 살짝 벌
려 체인에 걸어 주세요.

04

집게를 이용하여 다시 고리를 닫아 주세요.

05

나머지 체인도 03, 04번 과정을 거칠 차례
예요. 마찬가지로 원석과 체인을 연결해 주
세요.

06

T핀에 투명한 비즈를 끼워 주세요.

07

T핀의 판을 7mm 정도 남긴 뒤 잘라 주세요.

08

9자말이 집게를 이용해 핀을 동그랗게 말아 고리를 만들어 주세요.

09

체인 양 끝에 각각 O링을 이용하여 랍스터 고리와 T핀 비즈를 달아 주세요.

원석 체인 팔찌 완성!

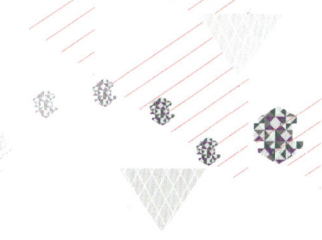

28

파이프 팔찌

독특한 팔찌를 차고 싶은 날엔, 파이프 팔찌
보통 우레탄줄에 둥근 모양의 원석이나 비즈만을 넣어 팔찌를 만들어 보았다면 이번엔 색다른 느낌을 주는 '파이프'에 도전해 보아요. 일반적으로 둥근 모양의 팔찌가 아닌, 둥근 삼각형 모양에 가까워 귀엽고 재미있는 디자인의 팔찌예요.

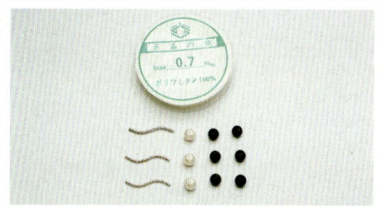

재료

우레탄줄
파이프 X 3개
담수진주 X 3개
청사금석(원석) X 6개

01

나중에 원석을 끼울 때 원석이 빠지지 않
도록 하기 위해 우레탄줄 끝부분을 문구용
집게로 집어 주세요.

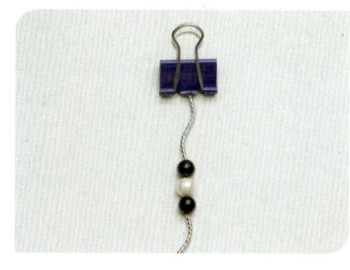

02

파이프 〉 원석 〉 담수진주 〉 원석 〉 파이프
순으로 끼워 주세요.

03

원하는 길이만큼 장식들을 넣고, 우레탄줄
을 매듭지어 주세요.

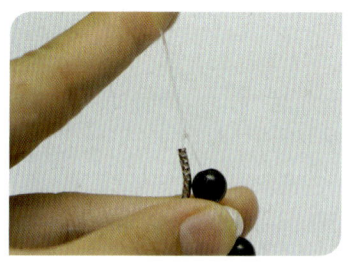

04

매듭은 튼튼하게 2번 정도 묶고 끈을 잡아
당겨 마무리해요.

05

우레탄줄 한쪽을 잡아 원석 안에 넣고 잡
아 당겨서 매듭이 원석 구멍 안으로 들어
가 밖으로 보이지 않도록 만들어 주세요.
남은 줄은 잘라서 정리해요.

파이프 팔찌 완성!

29

하프 체인
진주 팔찌

두 가지 매력을 동시에! 하프 체인 진주 팔찌

팔찌를 크게 두 부분으로 나누어 한쪽은 체인을, 다른 한쪽은 진주를 사용해서 만든 팔찌예요.

여성스러움과 청키함이 동시에 느껴지는 팔찌랍니다. 반반씩, 서로 다른 매력을 느낄 수 있어요.

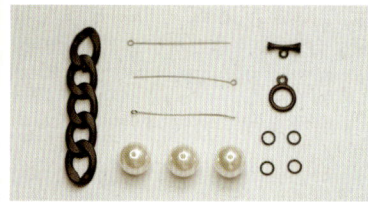

재료

굵은 체인
O링 - 0.8*4mm X 4개
9핀
아크릴진주 X 3개
토글 바

01
9핀에 아크릴진주를 끼워 주세요.

02
9핀의 핀 7mm 정도만 남겨 두고 잘라 주세요.

03
9자말이 집게를 이용하여 핀을 동그랗게 말아 고리를 만들어 주세요. 이와 같이 9핀 기법을 한 아크릴진주 총 3개를 만들어 주세요.

04
고리 부분을 집게로 다시 살짝 벌려서 다른 9핀 아크릴진주에 걸어 주세요.

05
집게를 이용하여 다시 고리를 닫아 주고 같은 작업을 반복하여 9핀 아크릴진주 3개가 모두 연결되도록 만들어 주세요.

06
9핀 아크릴진주의 한쪽 끝에 토글 바의 고리를 O링을 이용하여 달아 주세요.

07
이제 체인을 준비해요. 체인의 한쪽 끝에는 O링 2개를 이용하여 바를 달아 주세요.

08
O링을 이용하여 9핀 아크릴진주와 체인도 연결시켜 마무리해요.

하프 체인 진주 팔찌 완성!

105

30

큐빅 체인 팔찌

유연하면서도 견고해 보이는 큐빅 체인 팔찌

체인과 줄란 체인을 매듭끈으로 엮어 만든 팔찌예요.
체인 2줄을 바탕에 두고 줄란 체인으로 포인트를 주었어요. 체
인을 여러 줄 엮어 만드는 팔찌이므로 가벼운 소재의 체인을 사
용하는 걸 추천해요. 실이 굵은 편이라 9핀을 바늘 대신 사용하
였는데 9핀이 없다면 얇은 철사를 감아 써도 돼요.

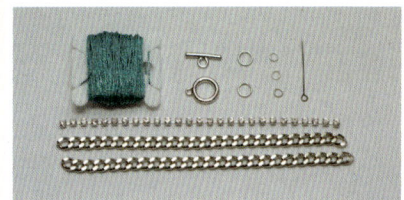

재료

매듭끈
토글 바
O링 - 0.6*3mm X 3개
       1.2*6mm X 2개
9핀 • 바늘 대용
줄란 체인
실버 체인

01

실버 체인 2줄을 놓고 양 끝을 O링(1.2*6 mm)으로 서로 연결해 주세요.

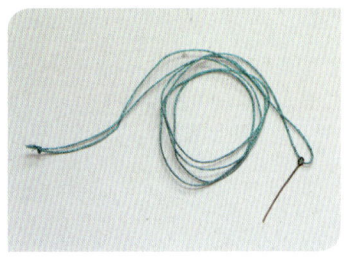

02

매듭끈을 9핀의 고리에 넣어 9핀을 바늘 처럼 사용할 거예요.

03

줄란 체인은 실버 체인 2줄 사이에 놓아 주세요.
체인의 아래에서 위로 매듭끈을 통과시켜 준 다음 매듭을 두세 번 지어 구멍에서 끈 이 빠져 나오지 않도록 해 주세요.

✓ 매듭끈은 장식용이기도 하고, 고리가 따로 없는 줄란 체인을 고정시켜 주기 위함이기도 해요.

04

체인 2줄 위에 줄란 체인을 놓고 줄란 체 인의 큐빅 사이를 매듭끈으로 감싸 주면서 오른쪽 체인 구멍으로 매듭끈을 넣어 주세요.

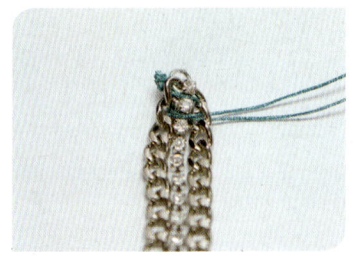

05

오른쪽 체인 구멍으로 들어간 매듭끈은 왼 쪽 체인의 두 번째 구멍 아래에서 위로 빼 주세요.
그다음 다시 줄란 체인을 감싸고 오른쪽 체인 두 번째 구멍으로 매듭끈을 넣어 주세요.

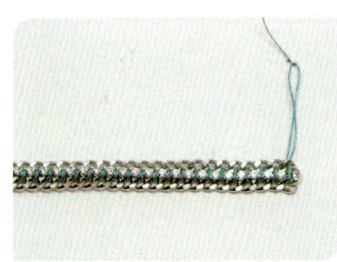

06

04, 05번 과정을 반복하여 매듭끈으로 체 인과 줄란 체인이 하나가 될 수 있도록 만 들어 주세요.

07

팔찌를 뒤집어 봤을 때 매듭끈이 일정한
빗금 모양으로 나타나야 해요.

08

처음과 마찬가지로 마무리도 매듭을 두세
번 정도 지어 구멍에서 매듭끈이 빠지지
않도록 해 주세요.

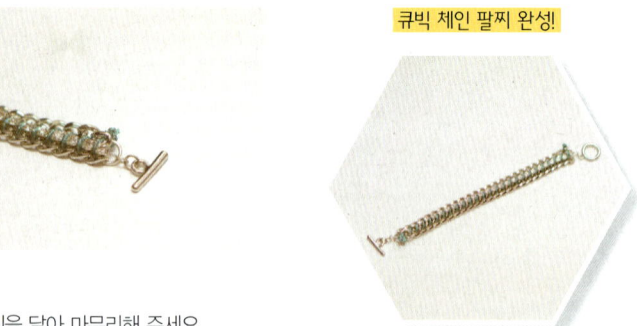

큐빅 체인 팔찌 완성!

09

체인 양쪽 끝에 O링(0.6*3mm)을 이용하여 토글 바 장식을 달아 마무리해 주세요.

31

트위드 팔찌

겨울 아이템으로 잘 어울리는 트위드 팔찌

트위드 천과 골드 체인, 진주의 조합으로 따뜻한 느낌을 주는 팔찌
예요. 두께감이 있어 겨울에 착용하기에도 좋고, 찰랑거리는 펜던
트가 여성스러움을 극대화시켜 준답니다.

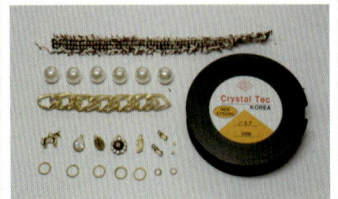

재료

트위드 천   O링 - 0.6*2mm X 2개
아크릴진주 X 6개   0.8*4mm X 5개
골드 체인   구멍지프 & 고정볼 X 2개
펜던트 5종   우레탄줄

01

5종류의 펜던트에 모두 O링(0.8*4mm)을 달아 주세요.

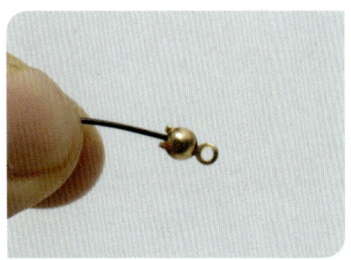

02

우레탄줄에 구멍지프와 고정볼을 사용하여 줄 끝을 마무리해 주세요.

03

우레탄줄에 아크릴진주와 펜던트를 번갈아 가면서 넣어 주세요.

04

펜던트와 진주를 다 넣고 난 후 구멍지프와 고정볼을 순서대로 넣어 마무리해 주세요.

05

펜던트와 O링이 가지런히 놓이도록 모양을 매만져 주세요.

06

체인 구멍에 트위드 천을 위아래로 넣어 주세요.

07

트위드 천을 체인 끝까지 넣고 난 다음 천을 1~2cm 가량 남겨 두고 나머지는 잘라 주세요.

08

트위드 천 끝에 순간접착제를 살짝 발라 접어 붙여 주세요.

09

아까 만들어 놓은 아크릴진주와 펜던트 장식을 트위드 천을 넣은 체인과 연결시켜 줄 차례예요.
아크릴진주의 구멍지프에 O링(0.6*2mm)을 끼워 체인과 연결해 주세요.

10

반대편도 마찬가지로 아크릴진주의 구멍지프에 O링을 끼워 체인과 연결해 팔찌를 마무리해요.

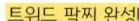

트위드 팔찌 완성!

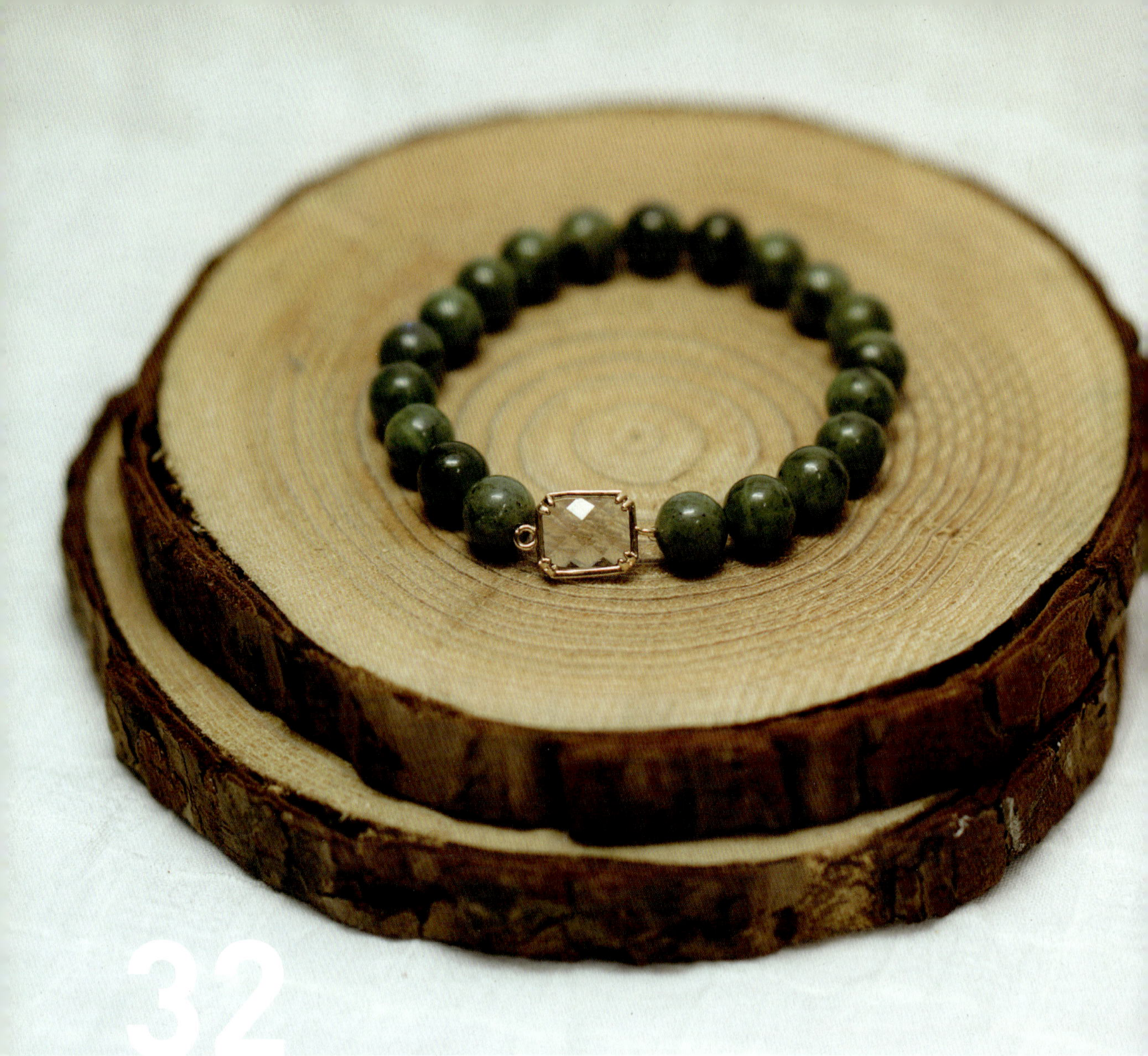

포인트 원석
팔찌

고급스러운 베이식 포인트 원석 팔찌

양옆에 고리가 달린 펜던트를 가운데에 넣고 만든 원석 팔찌예요.
진중하면서도 고급스러움이 느껴져 어머니께 선물하기도 좋은 팔
찌랍니다.

재료

원석
우레탄줄
양쪽 고리형 펜던트

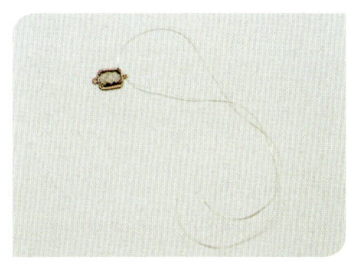

01

우레탄줄을 16cm 정도 잘라 펜던트의 고리에 걸어 주세요.

02

체인 2줄을 하나로 모으고 원석을 끼워 주세요. 원석은 7cm 정도 넣어요.

03

펜던트의 반대편 고리에도 01, 02번 과정을 반복하여 원석을 넣어 주세요.

04

남은 우레탄줄로 두 번 정도 매듭지어 주세요. 매듭을 감추기 위해 우레탄줄을 살살 잡아당겨 매듭을 작게 만들어요.

05

매듭 부분에 순간접착제를 살짝 발라 주세요.

06

우레탄줄 한쪽을 잡고 반대편에 위치한 원석 구멍에 끼워 준 다음 살짝 잡아당겨 원석 안으로 매듭이 들어갈 수 있도록 해 주세요. 남은 우레탄 줄은 잘라요.

포인트 원석 팔찌 완성!

RING & EARING

반지와 귀걸이

33

기본 반지:
진주 반지
& 체인 반지

심플한 진주 반지와 체인 반지

심플함이 곧 최고의 디자인이라는 말이 있죠. 이번엔 반지를
만드는 가장 기초적인 방법을 소개할게요.
한두 가지의 재료로 순식간에 만들 수 있는 기본 반지랍니다.

재료

반지대
진주 혹은 캡큐빅

재료

체인 약 5cm

* 길이는 반지를 끼울 본
인의 손가락 마디 둘레에
맞춰 정하면 돼요.

01

반지대에 금속접착제를 바르고 원하는 진
주나 캡큐빅을 붙여 주세요.

02

20~30분 정도 접착제가 마를 때까지 기
다려 주세요.

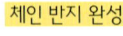
진주 반지 완성!

01

체인의 마지막 구멍 부분을 벌려 반대편
체인에 끼워 준 다음 닫아 주세요.

체인 반지 완성!

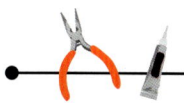

34

왕 진주 반지

귀여운 포인트 링, 왕 진주 반지

T핀을 이용하여 진주를 고정시킨 반지예요. 앞의 기본 반지와
마찬가지로 쉽게 만들 수 있어요.

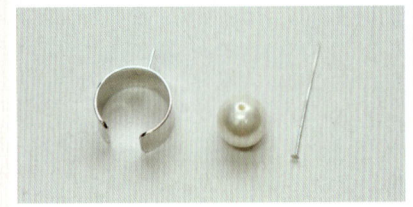

 재료

'ㅗ' 모양 반지대
진주
T핀

01

T핀을 진주 구멍 길이만큼 잘라 주세요.

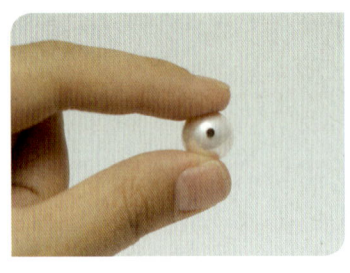

02

T핀에 금속접착제를 발라 준 다음 진주 구멍에 넣어 주세요. 반대편 진주 구멍엔 반지대를 꽂아 주세요.

왕 진주 반지 완성!

35

큐빅 비즈 반지

누구에게나 잘 어울릴 큐빅 비즈 반지

캡큐빅과 비즈를 이용하여 반지를 만들었어요. 누구나, 어디에
든 잘 어울리는 반지예요.
큐빅이나 비즈를 다양한 색깔과 모양으로 구입하고 그 조합을
고민해 보며 만드는 걸 추천해요.

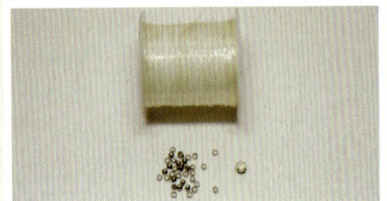

재료

우레탄줄
비즈
캡큐빅

01

우레탄줄에 비즈와 캡큐빅을 원하는 길이
만큼 끼워 주세요.

02

비즈와 캡큐빅을 다 끼운 다음 우레탄줄은
매듭을 지어 주세요.

03

우레탄줄 한쪽을 잡고 반대편에 위치한 캡
큐빅 구멍에 끼워 준 다음 살짝 잡아 당겨
캡큐빅 안으로 매듭이 들어갈 수 있도록
해 주세요. 남는 우레탄줄은 잘라서 마무리
해요.

큐빅 비즈 반지 완성!

36

큐빅 체인 반지

블링 블링 큐빅 체인 반지
9핀으로 큐빅을 모아서 중앙에 포인트를 준 반지랍니다. 나의
손가락을 돋보이게 해 줄 반지예요.

재료

9핀
체인
캡큐빅

01
9핀에 캡큐빅 3개를 연속으로 끼워 준 뒤 핀을 7mm 정도 남겨 둔 다음 잘라 주세요.

02
9자말이 집게로 핀을 동그랗게 말아 고리를 만들어 주세요.

03
9핀 캡큐빅과 체인을 연결해 줄 거예요. 방금 말아 준 9핀의 고리를 다시 살짝 벌려 체인을 건 다음 닫아 주세요. 반대편도 같은 방법으로 캡큐빅과 체인을 연결시켜 주세요.

큐빅 체인 반지 완성!

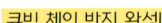

37

테슬 반지

스포티한 매력이 넘치는 테슬 반지
앞의 기본 반지와는 다른 느낌이죠? 펜던트와 체인으로 멋을 낸
반지랍니다. 특히 체인은 짧게 여러 가닥으로 잘라서 마치 테슬
장식 같은 느낌을 주었어요.

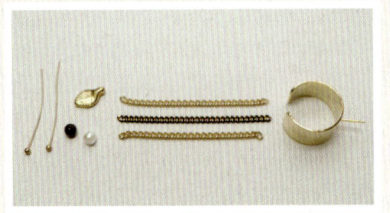

재료

볼핀 X 2개　　　O링 X 3개
원석　　　　　　'ㅗ' 모양 반지대
진주
나뭇잎 모양 펜던트
체인

01
체인을 2~3cm 정도의 길이로 여러 가닥을 잘라 주세요.

✔ 체인은 같은 종류여도 되고, 다른 종류여도 돼요. 길이는 제각기 큰 차이가 나지 않는 선에서 조금씩 다르게 잘라요.

02
자른 체인을 O링으로 한데 모아 주세요.

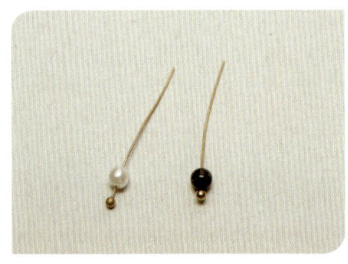

03
볼핀에 진주와 원석을 끼워 주세요.

04
볼핀의 핀을 7mm 정도 남긴 후 나머지는 잘라 주세요.

05
9자말이 집게로 핀을 동그랗게 말아 고리를 만들어 주세요.

06
'ㅗ' 모양 반지대의 고리를 9자말이 집게로 동그랗게 말아 준 뒤 앞에서 체인을 모아 준 O링을 걸어 주세요.

07
나뭇잎 펜던트에 O링을 걸고 9핀 원석과 진주도 O링으로 연결시켜 주세요.

08
나뭇잎 펜던트, 9핀 원석과 진주의 O링을 반지 고리에 건 다음 집게를 이용하여 반지 고리를 닫아 마무리해요.

테슬 반지 완성!

38

물방울 귀걸이

귓가에 기분 좋은 흔들림이 느껴질 귀걸이
꽃 모양 펜던트에 물방울 모양의 비즈를 달아 준 귀걸이예
요. 참고로 펜던트는 캡큐빅과 줄란 체인을 이용하여 꽃 모
양으로 직접 만들었답니다. 앞에서 배운 기술들로 쉽게 만
들 수 있어요.

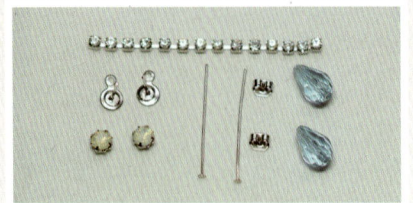

재료

줄란 체인
고리형 포스트 귀걸이
물방울 비즈
캡큐빅
T핀
종이호일 혹은 유산지

01

유산지에 금속접착제를 한 방울 떨어뜨리고 그 위에 캡큐빅을 놓아 주세요.

02

줄란 체인으로 사진과 같이 캡큐빅을 둘러 주세요.

03

캡큐빅을 두르고 남은 줄란 체인은 니퍼로 잘라 마무리해요.

04

앞의 과정을 반복해 똑같은 펜던트를 하나 더 만들고 접착제가 마를 때까지 20~30분 정도 기다려 주세요.

✓ 접착제가 마르고 나면 펜던트 뒷면에 고리형 포스트 귀걸이도 붙여 주세요.

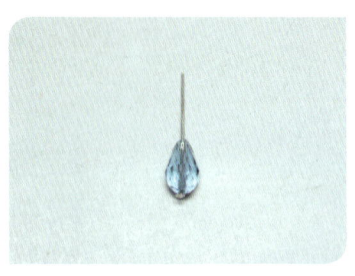

05

T핀에 물방울 비즈를 끼워 넣어요.

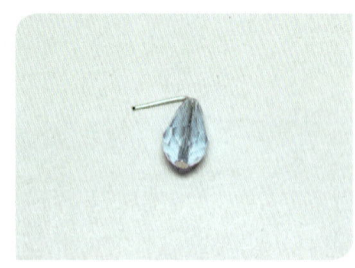

06

T핀의 핀을 7mm 정도 남겨 두고 자른 뒤 평집게로 핀을 직각으로 꺾어 주세요.

07

9자말이 집게를 이용하여 핀을 동그랗게 말아 고리를 만들어 주세요.

08

앞의 과정을 반복해 똑같은 물방울 비즈를 하나 더 만들어 주세요.

09

9핀 물방울 비즈의 고리 부분을 벌려 포스트 귀걸이의 고리에 걸어 마무리해 주세요.

물방울 귀걸이 완성!

39

별 귀걸이

뒷면에도 포인트를 준 별 귀걸이

이젠 귀걸이 장식이 앞부분뿐만 아니라 뒷부분도 중요해졌어요.
기본형인 별 장식을 만들고 작은 진주를 귀걸이의 꼭지에 달아 만든 키치한
귀걸이를 소개할게요.

재료

별 모양 원석
포스트형 귀걸이
O링 - 0.6*2mm X 4개
볼핀
얇은 체인
아크릴진주

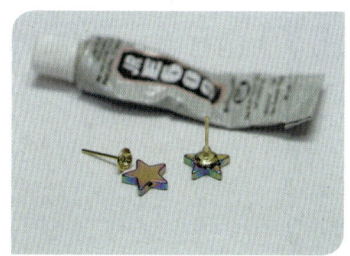

01

귀걸이의 판 부분에 금속접착제를 발라 별 원석을 붙여주세요.

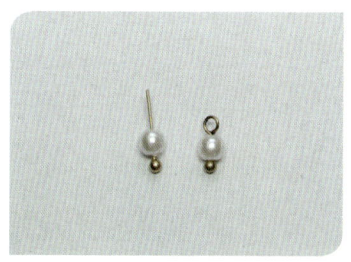

02

볼핀에 진주를 끼우고 핀은 7mm 정도만 남겨 나머지는 잘라 준 다음 9자말이 집게로 고리를 만들어 주세요.

03

볼핀 진주의 고리 부분을 벌려 얇은 체인 끝부분에 걸쳐 주세요. 집게를 이용해 벌려 준 부분을 다시 닫아 체인과 볼핀 진주가 연결되도록 모양을 잡아 주세요.

04

귀걸이의 꼭지에 O링을 달고 얇은 체인을 연결해 마무리해요.

별 귀걸이 완성!

40

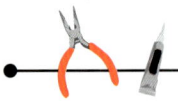

진주 테슬 귀걸이

파티를 기다리는 진주 테슬 귀걸이

집에서 잠자고 있던 진주 귀걸이의 꼭지만 바꾸어도 새로운 귀걸이로 변신시킬 수 있어요. 평소에는 평범한 진주 귀걸이로 사용하다가 특별한 날엔 꼭지만 바꿔 끼워도 분위기를 전환시킬 수 있으니 일석이조예요.

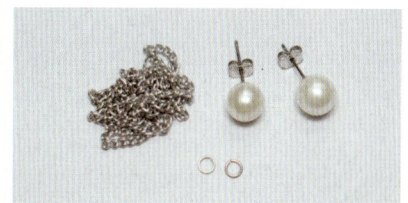

재료

얇은 실버 체인
기본형 진주 귀걸이
O링 - 0.6*3mm X 2개

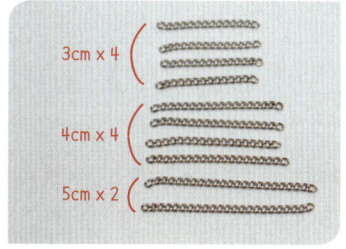

3cm x 4
4cm x 4
5cm x 2

01

체인 총 10개를 준비해요.

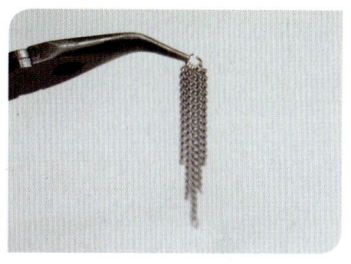

02

O링에 체인을 3cm 〉 4cm 〉 5cm 〉 4cm
〉 3cm 순서로 넣어 주세요.

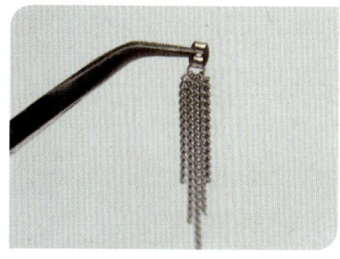

03

귀걸이의 꼭지에 체인을 건 O링을 연결해
완성해 주세요.

진주 테슬 귀걸이 완성!

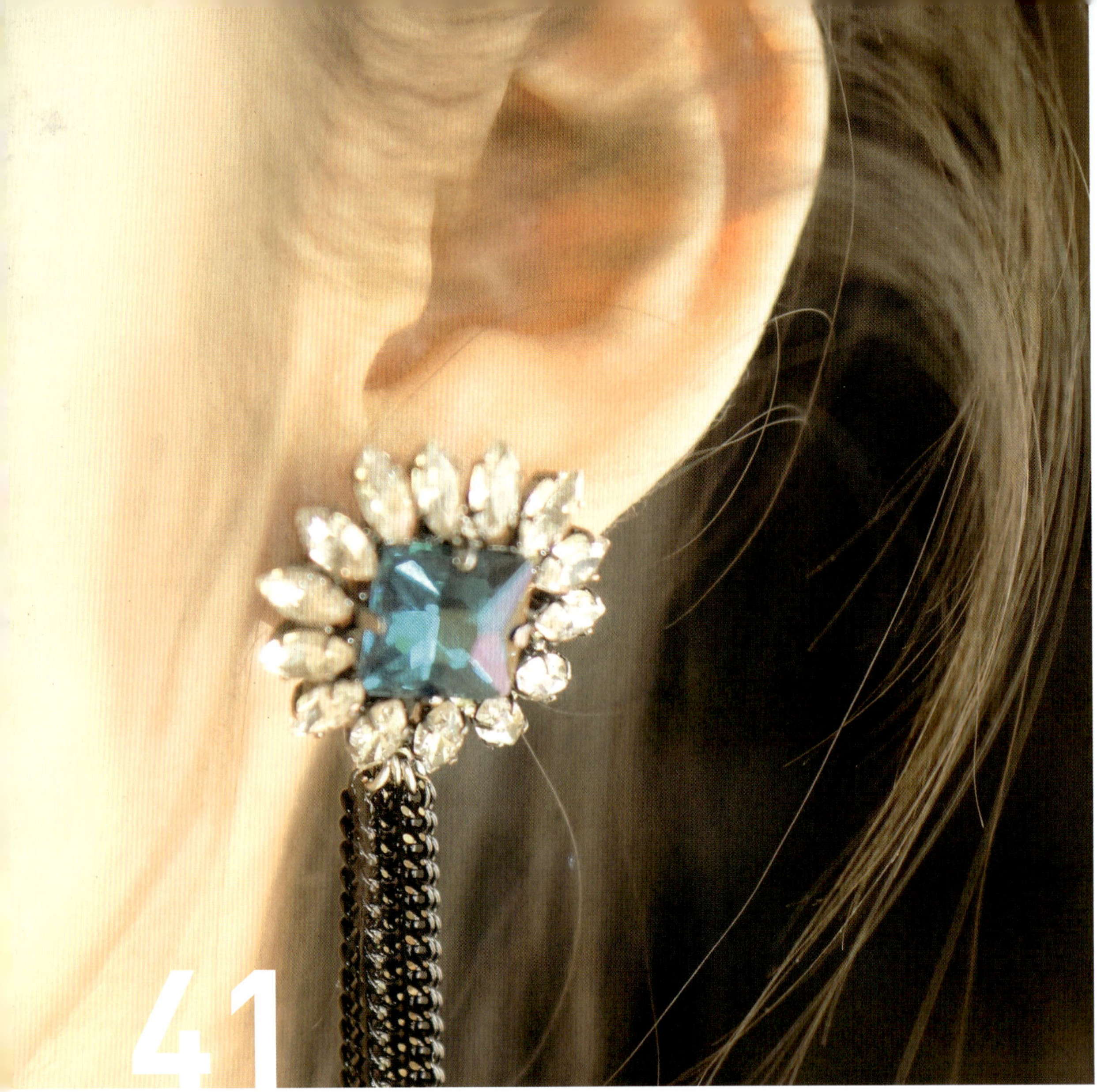

체인 테슬 귀걸이

파티가 기다려지는 체인 테슬 귀걸이

체인의 달랑달랑거리는 그 움직임이 좋은 테슬 귀걸이예요.
연말 파티룩에 정말 잘 어울리는, 화려한 디자인이 돋보이죠.

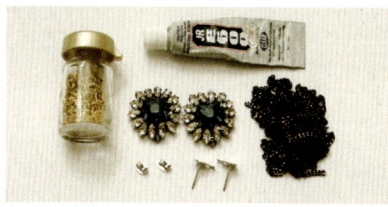

재료

O링 - 0.6*3mm X 6개
1*5mm X 2개
꽃 모양 펜던트 X 2개
고리형 포스트 귀걸이
블랙 체인

01

귀걸이에 금속접착제를 바르고 꽃 모양 펜
던트를 붙여 주세요.

02

체인의 길이를 각각 3~4cm 정도로 하여
총 6줄을 잘라 준비해 주세요.

03

2줄씩 모아 O링(0.6*3mm)으로 연결해 주
세요.

04

큰 O링(1*5mm)을 걸어 체인 전체를 모아
주세요.

05

귀걸이의 고리에 체인을 건 큰 O링을 연결
하여 마무리해 주세요.

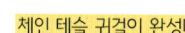

체인 테슬 귀걸이 완성!

42

캡큐빅 귀걸이

직접 디자인하여 만드는 캡큐빅 귀걸이
금속접착제로 붙이기만 하면 돼요. 나만의 캡큐빅을 만들어 귀걸이로 완성해 보아요. 색 조합만 잘 맞춘다면 정말 다양한 캡큐빅 귀걸이를 만들 수 있어요.

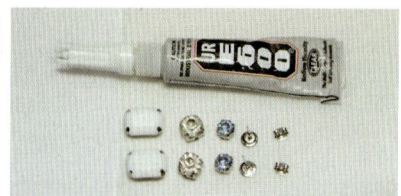

‥‥‥‥‥‥‥‥‥‥‥‥‥‥‥‥‥ 재료

다양한 캡큐빅
포스트형 귀걸이
유산지 혹은 종이호일

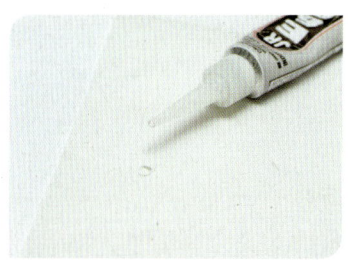

01

유산지에 금속접착제를 한 방울 떨어뜨려
주세요.

02

그 위에 귀걸이의 가장 중심이 되는 캡큐
빅을 놓아 주세요.

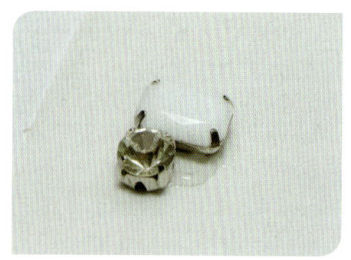

03

중심이 될 캡큐빅 옆으로 작은 캡큐빅을
놓고 나란히 붙여 주세요.

✓ 작은 캡큐빅의 옆면에도 금속접착제를 살짝 발라 캡
큐빅끼리도 잘 고정될 수 있도록 해 주세요.

04

캡큐빅 장식을 위와 똑같이 하나 더 만들
어요. 최소 20~30분 정도 접착제가 마를
때까지 기다려 주세요.

05

스티커를 떼어내듯 캡큐빅을 유산지에서
깔끔하게 떼어 주세요.

06

포스트형 귀걸이에 금속접착제를 살짝 바
르고 캡큐빅 뒷면에 붙여 말려 주세요.

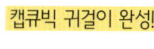

캡큐빅 귀걸이 완성!